L'ABBÉ GODDARD

L'Abbé GODDARD

UN HOMME DE DIEU

L'ABBÉ GODDARD

CHANOINE HONORAIRE
DE L'ÉGLISE MÉTROPOLITAINE ET AUMONIER
DE LA MAISON DU SACRÉ-CŒUR
DE CHAMBÉRY

(1818-1895)

Par l'abbé PETIT

CHANOINE TITULAIRE, PROFESSEUR AU GRAND SÉMINAIRE

« Tu autem, o homo Dei. »
(*I Tim.*, VI, 11)

CURRIÈRE
IMPRIMERIE DE L'ÉCOLE DES SOURDS-MUETS
1898

CHER MONSIEUR LE CHANOINE,

Après avoir lu avec une véritable édification la *Vie de M. le Chanoine Varet*, le public chrétien de ce Diocèse attendait avec impatience le volume que vous aviez promis de consacrer à la mémoire de M. le Chanoine Goddard, aumônier du Sacré-Cœur de Chambéry. Dirai-je qu'il vous appartenait plus qu'à tout autre d'écrire son éloge? Compatriote de ce saint prêtre et habitué dès votre jeunesse à le regarder comme un modèle, comment n'auriez-vous pas accepté *con amore* l'honorable mission que vous offraient, soit la famille de M. Goddard, soit les Religieuses du Sacré-Cœur? — Vos lecteurs, et ils seront nombreux, constateront, comme j'ai eu le plaisir de le faire, la fidélité du portrait, que votre plume s'est plue à tracer.

La vertu précoce et déjà impeccable du jeune écolier, la piété communicative du séminariste, le zèle ardent du vicaire, mais surtout le dévouement infatigable, la direction pleine de mesure et l'autorité toujours grandissante de l'aumônier, qui, pendant quarante ans, ne voulut point connaître d'autre ministère, tout cela est décrit dans votre ouvrage avec un intérêt qui captive et une émotion qui pénètre l'âme. Cependant le rôle de biographe ne vous a pas suffi, et, à propos des évènements qui ont traversé l'existence de votre vénérable ami, vous avez jugé utile de traiter diverses questions, de doctrine, de morale, d'ascétisme ou d'histoire, dont le développement donne à votre récit plus d'ampleur et de variété.

Je ne puis donc que vous féliciter et vous remercier de nous avoir présenté sous une forme si attrayante, l'image d'un prêtre que nous aimions, parce qu'il n'eut jamais d'autre ambition que celle de plaire à Dieu et d'assurer son règne dans les cœurs.

Veuillez agréer, cher Monsieur le Chanoine, l'expression de mes sentiments les plus dévoués.

† FRANÇOIS, *arch. de Chambéry.*

PRÉFACE DE L'AUTEUR

L'auteur de cette notice s'est proposé un triple but : le premier, d'accéder à de nombreuses demandes, faites par des personnes qui ont reçu le bienfait de la direction spirituelle de l'abbé Goddard, pendant qu'elles étaient au Pensionnat du Sacré-Cœur de Chambéry et qui n'en ont jamais perdu le souvenir plein de reconnaissance ; le second, de présenter aux Elus du Sanctuaire un modèle à suivre ; le troisième, de fournir à tous ceux qui la liront des pensées de la plus grande utilité pour toutes les situations. Il a, en effet, tiré des manuscrits du vénérable Aumônier plusieurs instructions fort remarquables sous tous les rapports, surtout pour la solidité de la doctrine, et s'adressant aux personnes qui vivent dans le monde, comme aux âmes d'élite qui se sont consacrées à Dieu; à la jeunesse comme à l'âge mûr; aux nouveaux pèlerins de cette terre, qui cherchent leur vocation, comme aux vétérans des luttes de la vie.

Daigne le Sacré Cœur de Jésus suppléer à son insuffisance et bénir sa bonne volonté!

L'ABBÉ GODDARD

I

Son pays natal.

Parmi les vallées si pleines d'attractions, que la Savoie présente aux amateurs de la belle nature, on doit citer celle qui s'étend de Chambéry au Rhône, et dont le lac du Bourget occupe la partie centrale.

Ce lac, n'a pas les dimensions de son majestueux voisin de Genève; il mesure à peine quinze kilomètres de long sur cinq de large. Mais il n'en est que plus gracieux entre les deux petites chaînes de montagnes, appelées, l'une, la Chambotte, l'autre, le Mont-du-Chat. Par ses eaux limpides et bleues comme l'azur du ciel, il ressemble à un saphir artistement enchâssé dans un chaton de verdure et de rochers superposés comme les degrés d'un immense amphithéâtre. Contemplées d'en bas, certaines parties des deux pittoresques versants donnent même l'illusion de tuyaux d'orgue montés sur un buffet grandiose d'arbres séculaires, qui vont faire entendre une hymne au Créateur du monde.

Sur ses bords enchanteurs, le règne végétal se plaît à étaler ses plus riches produits : le blé, la vigne, les prairies émaillées de fleurs et de fruits de tous genres.

Mais il ne se fait pas seulement admirer par la magnificence et par la variété de ses panoramas ; il évoque aussi d'intéressants souvenirs, sur plusieurs points de ses alentours. C'est ainsi que, à son extrémité méridionale et au village même du Bourget, qui lui a donné son nom, on voit encore les ruines d'un ancien château décoré de fresques par les élèves de Giotto et qui fut autrefois une des résidences des Comtes de Savoie. Le comte Amédée V, surnommé le Grand (1285-1323), y prit naissance et on y célébra les noces pompeuses d'Amédée VI, dit le Comte Vert (1343-1383), avec Bonne de Bourbon, cousine du roi de France, Jean II, le Bon (1350-1364).

Un peu plus loin, dans la direction du Nord et au Levant, apparaît « la petite ville d'Aix-les-Bains, comme dit Lamartine dans son livre de *Raphaël,* toute fumante, toute bruissante et toute odorante des ruis-

seaux de ses eaux chaudes et sulfureuses,...
assise par étages sur un large et rapide
coteau de vergers. » Elle prend une importance qui grandit chaque année, non seulement à titre de station balnéaire, pour
les malades et les convalescents, mais parce
qu'elle est le rendez-vous, dans cette con-
trée, de tous ceux qui aiment la vie cosmo-
polite, ou qui cherchent, loin des grands
centres, des distractions et des plaisirs. Ses
eaux thermales étaient déjà connues des
Romains, qui, selon certains antiquaires,
les appelèrent *Aquæ Domitianæ*, puis
Aquæ Gratianæ, et y laissèrent plusieurs
monuments dignes du peuple-roi, qu'on
admire encore, tels que le Bain romain,
l'Arc de Campanus et le temple de Diane.

Sur la gauche, un peu plus vers le
Nord, se dessine la célèbre abbaye de
Hautecombe (de l'Ordre de Cîteaux), qui
a été fondée, en 1125, par Amédée III,
et qui, depuis cette époque jusqu'au roi
Charles-Albert (1831-1849), a servi de lieu
de sépulture aux princes de la Maison de
Savoie. Dévastée en 1793, elle a été recons-
truite, de 1821 à 1831, par Charles-Félix.
En parcourant l'église de ce monastère,
on est ébloui, soit par les teintes multico-

lores des vitraux, soit par l'éclat et la profusion des marbres, des statues et des mausolées qui l'embellissent. Mais la pensée du touriste s'y élève bien vite dans des régions supérieures, quand il entend les sons lointains de la psalmodie si touchante de l'Eglise, rendue par des voix dont l'unisson grave et puissant vaut toutes les harmonies et qui semblent répéter avec joie leur éternel adieu au monde.

Enfin, au nord du lac, l'œil se repose agréablement sur le promontoire de Châtillon, couvert de mousse, de pelouses, de bois de chênes, de châtaigniers et de noyers, aux rameaux desquels des ceps, robustes comme les lianes de l'Amérique, suspendent leurs pampres et leurs raisins. Il est dominé par un vieux castel, flanqué de plusieurs tours crénelées. C'est un des plus beaux traits du tableau.

Les premiers possesseurs de ce domaine furent les Castiglioni, et c'est là que naquit Geoffroi de Châtillon, devenu Pape, sous le nom de Célestin IV (22 septembre 1241-8 octobre de la même année). Ce Pasteur des pasteurs a sans doute été une bénédiction féconde pour son pays d'origine; car il en est sorti, dans tous les temps, d'excellents prêtres, qui ont été l'honneur de l'Eglise.

Aujourd'hui, la paroisse de Chindrieux compte encore parmi ses enfants, plusieurs membres de la Hiérarchie ecclésiastique. C'est elle qui a donné le jour au prêtre vénéré, dont nous esquissons la notice biographique, pour répondre au désir qui nous a été exprimé de toutes parts.

On dit quelquefois que la reconnaissance est un sentiment éphémère ; mais, grâce à Dieu, cet adage, comme tant d'autres, souffre des exceptions qui honorent l'humanité.

II

Avant sa nomination à l'aumônerie du Sacré-Cœur.

Au foyer paternel.

Le chanoine Goddard appartenait à une ancienne famille de Chindrieux qui sut toujours heureusement unir à une belle aisance des traditions plus précieuses encore de foi et de piété.

Il naquit le 11 juin 1818, et fut aussitôt baptisé sous les prénoms de Claude-Marie-François.

Ce premier acte de religion, qui faisait de lui un enfant de l'Eglise, reflète bien l'esprit de son entourage et de son temps. Claude est évidemment un prénom héréditaire choisi par les parents. Marie est plus probablement un prénom imposé par la pieuse sollicitude d'une mère foncièrement chrétienne et impatiente d'associer la Très Sainte Vierge à sa grande mission ; celui de François rappelle une fort louable coutume qui a longtemps régné en Savoie et qu'un genre nouveau et singulier tend malheureusement, sinon à supprimer totalement, du moins à faire souvent oublier : je veux dire la coutume de donner à un membre d'une famille tant soit peu nombreuse le nom de saint François de Sales, le glorieux protecteur du pays.

Il n'était pas l'aîné de la famille. La primogéniture était déjà le privilège d'Antoine, qui fut, plus tard, pendant trente-trois ans, curé de Mouxy, où nous savons que sa mémoire est encore en vénération, à cause de sa charité légendaire pour les pauvres et pour les affligés.

On voit par là combien nos familles d'autrefois étaient jalouses et empressées de servir Dieu et l'Eglise, avant de se servir elles-mêmes.

De deux autres de ses frères, qui n'avaient pas cru devoir le suivre dans la carrière ecclésiastique, l'un continue de jouir d'une vieillesse verte et honorée et a la joie de compter parmi ses enfants une religieuse du Sacré-Cœur.

Une sœur complétait le foyer domestique et donna, elle aussi, un fils à l'Eglise ; mais le ciel ne tarda pas de le ravir à son affection et aux espérances que l'on fondait sur lui.

Quelques années plus tard, la famille Goddard comptait onze membres, prêtres séculiers, religieux ou religieuses, consacrés à Dieu.

Le prêtre, qui versa les eaux régénératrices sur la tête du petit Claude-Marie-François, était un prêtre vénérable, qui s'appelait Dépommier et qui, avant de combattre pour l'Eglise dans les rangs de la sainte milice de ses Pasteurs, avait vaillamment combattu pour sa patrie dans les guerres du premier Empire. Mais ce stage forcé dans les camps, loin d'amoindrir ses sentiments religieux, les avait plutôt vigoureusement trempés. Il fut l'ange du bon conseil auprès de son néophyte et aida puissamment les auteurs de ses jours à lui inspirer un ardent amour de la vertu et de la piété.

Heureux les enfants à qui Dieu donne de semblables guides dès leurs premiers pas dans la vie!

Du reste, il faut bien dire, dans l'intérêt de la vérité, que les leçons et les exemples que le petit Claude reçut dans son premier âge, ne tombèrent pas sur une terre ingrate et stérile. Il savait, au contraire, se les assimiler d'une manière admirable et les suivait de point en point.

Son caractère vif, ouvert et bon lui gagnait en même temps tous les cœurs, et chacun se plaisait à répéter, en face d'une nature si bien douée, ce qu'on disait de saint Jean-Baptiste, naissant au milieu des prodiges : « Que sera, un jour, cet enfant : *Quis, putas, puer iste erit (Luc.,* 1, 66)? »

M. l'abbé Dépommier, qui quitta bientôt Chindrieux, pour devenir curé de Notre-Dame, puis de l'église métropolitaine de Chambéry, ne perdit jamais le souvenir de

ce gracieux enfant, « qu'il avait vu croître
en sagesse comme en âge, » à l'imitation
du divin Sauveur, « *proficiebat sapientia et ætate et gratia apud Deum et
homines (Luc., II, 52).* » Aussi, quelle ne
fut pas sa joie lorsque, par une singulière
disposition de la Providence, il le reçut,
vingt-cinq ans plus tard, en qualité de
vicaire dans son importante paroisse !

M. l'abbé Dépommier fut remplacé, au
poste de Chindrieux, par M. l'abbé Favre,
homme de Dieu avant tout, mais aussi
d'une habileté rare, pour diriger ses
ouailles, et d'un dévouement consommé
pour elles, pacifiant les familles, arrêtant
les procès et exerçant une sorte de souveraineté vraiment patriarcale dans sa modeste tribu de la Loi nouvelle.

M. l'abbé Favre ne fut pas longtemps à
comprendre ce que l'Eglise pouvait attendre du petit Benjamin de son prédéces-
seur. Il continua de cultiver ses précieuses
qualités naturelles et ne négligea rien
pour le préparer à sa première communion, tout en l'initiant à la langue latine.
Et, lui aussi, éprouvait réellement du plaisir à voir fructifier si rapidement, dans
cette belle âme, le bon grain de la doctrine

de Jésus-Christ, qu'il y semait chaque jour.

Claude, en effet, s'appliquait à l'étude avec une ardeur infatigable et donnait à son maître plus de satisfactions qu'on ne peut raisonnablement en attendre d'un enfant si jeune. Mais n'oublions pas de dire, à sa louange, que, chez lui, cette avidité à acquérir de nouvelles connaissances, pour orner son esprit, était loin de porter préjudice aux actes habituels de vertu et de piété, qui font le parfait chrétien. C'est le témoignage unanime de ses condisciples qui vivent encore.

Il admirait les beautés de la maison de Dieu et les pompes du culte catholique. Jamais il n'assistait aux grandes cérémonies de l'Eglise sans ressentir les transports du ravissement. Comment aurait-il pu échapper à l'enthousiasme qu'elles font naître dans les natures d'élite, surtout dans les âmes que le souffle du mal n'a pas flétries! Aussi ne pouvait-il s'empêcher d'exprimer son émotion profonde lorsqu'il entendait, par exemple, le dialogue sublime entre le prêtre et les fidèles, qui sert d'introduction à cette *Préface,* dont un célèbre musicien regrettait de n'être pas l'auteur, ou bien les chants solennels du *Requiem* et du *Libera me,* mêlés au bourdonnement lugubre des cloches! Et, quand, à l'âge de douze ans, il fut admis à la Table sainte, il aurait pu dire depuis longtemps, comme le Roi-Prophète : « *Paratum cor meum, Domine,* Seigneur, mon cœur est prêt (*Ps.* LVI, 8). »

Ce fut précisément en ce *grand jour de la vie,* comme on l'a si bien nommé, qu'il résolut de se consacrer à Dieu. Toute autre carrière ne lui paraissait pas devoir suffire à combler ses aspirations à une union constante avec Dieu. Mais, n'osant pas devancer le ciel, pour le choix de sa vocation, il se contenta de soupirer, les yeux mouillés de larmes et dans un attendrissement surnaturel, après le bonheur du prêtre, qui exerce des fonctions si élevées parmi les hommes, disant dans son cœur : « Qui me donnera d'être aussi moi-même l'instrument du Très-Haut, pour opérer ces merveilles du saint sacrifice de la messe et des sacrements! »

Dieu daigna ne pas le laisser trop longtemps dans un état d'angoisse qui minait sa santé ; il lui parla par la voix du pieux directeur de sa conscience et lui fit concevoir la douce espérance de monter, un jour, lui aussi, au saint autel.

Claude subit, alors, une transformation totale, qui le transporta dans des régions supérieures à la terre, d'où il ne descendit pas jusqu'à son dernier soupir. Il y était maintenu par le *Sursum Corda* dont il avait été si vivement touché au cours de la Messe, depuis les premières lueurs de sa raison, qui ne cessait de retentir à ses oreilles · et qu'il comprenait mieux que jamais.

Au Collège.

Au commencement du mois de novembre 1832, Claude entra au collège de Rumilly (Haute-Savoie), où, pendant cinq ans, il fut, au dire de ses contemporains, un modèle d'application à l'étude, de vertu et de piété.

En général, les enfants aiment à s'amuser, et ce n'est que par nécessité qu'ils se plient à la loi du travail. Mais, ce qu'ils redoutent le plus, c'est .le travail d'esprit, parce qu'il exige plus de contrainte et qu'il est plus antipathique à leur besoin de mouvement. Aussi, les parents et les maîtres sont-ils souvent . obligés de les y contraindre par des menaces et par des punitions, quand la raison ne suffit pas à les y déterminer.

Claude était un des rares écoliers qui se font une précoce et juste idée du travail, imposé à l'homme, après sa chute, par ces paroles : « A cause de ton péché, la terre sera maudite et ne produira plus ta nourriture qu'au prix de beaucoup de peine... Tu mangeras ton pain à la sueur de ton front, *in sudore vultus tui vesceris pane* (*Gen.*, III, 17-19), » et qui savent que, par suite de cette malédiction, l'intelligence ne peut acquérir aucune connaissance sans des efforts soutenus.

Claude s'acquitta de ses travaux classiques avec une exactitude et une persévérance, qui ne se démentirent pas un seul instant. Jamais il n'abordait ceux qu'on appelle d'agrément, avant d'avoir entièrement rempli le principal, bien différent de ces élèves, qui, par un singulier travers d'esprit, ont la manie de se livrer à tous les genres d'occupations, excepté à celle qui leur a été spécialement assignée. Toujours guidé par le sentiment du devoir, Claude ne tomba jamais dans ces écarts déplorables et ne put jamais être surpris en faute par ses professeurs, soit pour les leçons dont il avait à rendre compte, soit pour les compositions qu'il avait à présenter.

Il lui arriva ainsi ce qui arrive infailliblement aux jeunes gens studieux, c'est-à-dire que son instruction devint solide autant qu'étendue et qu'il acquit une remarquable élévation d'esprit. Du reste, l'expérience a toujours démontré que les facultés mentales se développent d'une manière surprenante par des exercices méthodiques et multipliés et que, loin de s'émousser et de s'affaiblir par cette sorte de gymnastique intellectuelle, elles ne font que gagner en vigueur.

C'est malheureusement le contraire qui se produit pour les élèves paresseux. Ils sont dans une funeste erreur, en s'imaginant que leur esprit grandira tout seul, comme fait leur corps, en mangeant et en dormant. Il est vrai que, en dehors de toute culture, il reçoit bien un certain accroissement par ses rapports avec ses semblables, de même que l'âge lui procure une certaine maturité naturelle ; mais c'est à l'étude qu'il doit l'érudition et sa véritable puissance.

Il arriva aussi à Claude de trouver dans le travail un secours efficace pour sa vertu ; car, s'il est vrai que « l'oisiveté soit la mère

de tous les vices, » il n'est pas moins vrai
que le travail est le meilleur préservatif
contre les entraînements pervers de la
nature humaine.

Quand l'esprit n'est pas sagement occupé,
il tourne préférablement ses pensées vers
les choses frivoles ou mauvaises. D'autre
part, le cœur est un foyer d'instincts vicieux,
qui s'enflamment en face des objets dange-
reux ou sous l'influence d'une imagination
livrée à elle-même. De son côté, le corps
ne recherche que les plaisirs des sens : le
travail seul peut résister victorieusement
à une pareille conjuration. C'est lui qui
fut pour Claude, comme il le sera toujours
pour ceux qui ont recours à lui, le moyen
de sauver son innocence.

Ajoutons que, modèle achevé d'application au travail et de vertu pour ses condisciples, Claude était encore pour eux un
modèle non moins achevé de piété. Autant
il était attentif à contenter ses maîtres,
autant il l'était à plaire à Dieu, et il mettait dans l'accomplissement de ses obliga-
tions spirituelles la même régularité que
celle qu'il apportait à remplir ses devoirs
d'écolier. Il se montrait attentif à la prière
et fidèle à la réception des sacrements de

Pénitence et d'Eucharistie. A la chapelle, sa tenue était si modeste et si recueillie qu'elle s'imposait à ses voisins, sans jamais se rendre fastidieuse par la moindre singularité.

Qui s'étonnera qu'avec de telles qualités, Claude, recevant rarement des reproches de sa conscience, plus rarement encore de ses condisciples et de ses supérieurs, ait eu constamment cette franche et aimable gaieté, que ses amis ont connue et admirée, qui est le reflet de la pureté de l'âme et de la paix avec Dieu! Aussi était-il, aux heures de la récréation, le perpétuel boute-en-train pour les jeux, comme pour l'art d'amuser et de plaisanter agréablement, sans jamais blesser personne.

Cette gaieté angélique lui faisait compter autant d'amis sincères que de condisciples; « car, dit l'illustre P. de Ravignan (*Conf. à Notre-Dame de Paris*), la vertu, comme la vérité, se fait toujours rendre les hommages secrets du cœur. Aussi, quand sur cette terre désolée, nous apparaît quelque touchante image d'innocence et de candeur, on sent malgré soi qu'on la révère. Il naît en l'âme une intime et douce émotion, avec d'intimes regrets peut-être. C'est comme un parfum descendu des cieux, qu'on respire ; c'est une fleur épanouie parmi les ronces et les épines ; c'est le lis des vallées dont la vue recueille, console et réjouit. Charme et bonheur de l'innocence, que sa pensée, sa vie sont souvent loin de nous ! »

Au Grand-Séminaire.

Après avoir, pendant cinq ans, édifié le collège de Rumilly par une conduite irréprochable et vu ses constants efforts couronnés par les plus brillants succès, Claude fut reçu au Grand-Séminaire de Chambéry, le 18 octobre 1837.

Depuis longtemps, il rêvait à cette sainte maison qu'il aimait déjà de tout son cœur, avant de la connaître, parce qu'il la regardait, et avec raison, comme un nouveau Cénacle, aussi sacré que celui de Jérusalem, où, avant leur séparation, les apôtres avaient coutume de se réunir avec les premiers fidèles pour y célébrer les Saints Mystères, où, la veille de sa mort, Jésus avait tenu à ses représentants sur la terre ce discours sublime que rapporte saint

Jean, où il avait institué les sacrements de l'Eucharistie, de l'Ordre et de la Pénitence, où, enfin, dix jours après son Ascension, il leur avait envoyé le Saint-Esprit.

C'est là, en effet, que des hommes, choisis parmi leurs semblables et sans aucun mérite de leur part, comme André, Simon-Pierre, Jacques et Jean, deviennent, d'abord, lévites du Sanctuaire, puis prêtres de Jésus-Christ, chargés, selon l'apôtre saint Paul, de continuer dans le monde, son œuvre de Rédemption, « *Dei adjutores sumus* (*I Cor.*, III, 8). »

Claude s'y sentit dans son élément, comme l'oiseau dans l'air et le poisson dans l'eau. Son amour pour la science, la vertu et la piété pouvant s'y donner un plus libre essor, il y fut au comble de la joie. Aussi prit-il aussitôt la résolution de profiter, dans toute la mesure du possible, des leçons et des exemples qu'il allait y recevoir.

Il y fut fidèle; il suivit de la manière la plus attentive les cours de Théologie, d'Ecriture Sainte, de Droit canon, de Philosophie, d'Histoire et de Liturgie, de plus en plus ravi des splendeurs de l'économie de la religion chrétienne; mais son cours de prédilection était celui de l'Ecriture Sainte, enseignée, alors, par un savant professeur, M. le chanoine Pillet, dont le souvenir est loin d'être effacé dans le diocèse de Chambéry.

Dès qu'il eut appris que nos Livres Saints sont vraiment la parole de Dieu, écrite par des auteurs inspirés, que le respect que l'Eglise a toujours professé pour eux est comparable à celui qu'elle a toujours professé pour la sainte Eucharistie, que les oracles qu'ils renferment ont une vertu spéciale, soit pour pénétrer l'intelligence des lumières de la vérité, soit pour porter la volonté au bien, il ne cessa pas, durant toute sa carrière sacerdotale, d'avoir pour le Texte sacré un culte véritable et d'en nourrir ses instructions, au grand avantage de ses auditeurs.

Avec quel plaisir ne devait-il pas, alors, exprimer par les paroles mêmes du Roi-Prophète, au psaume LXXXIII, l'amour pour le lieu saint, dont il était dévoré le jour de sa première communion : « *Quam dilecta tabernacula tua, Domine virtutum !* Que vos tabernacles sont aimables, ô Dieu des armées ! Mon âme soupire et languit après les parvis du Seigneur. Mon cœur et ma chair tressaillent d'amour pour le Dieu vivant. Le passereau trouve son repos dans la demeure qu'il s'est construite, et la tourterelle dans le nid où elle élève ses petits ; tels vos autels, ô Seigneur des armées, mon Roi et mon Dieu ! *Altaria tua, Domine, Rex meus et Deus meus !* Heureux ceux qui habitent votre maison, Seigneur, ils vous loueront dans les siècles des siècles... Ah ! un seul jour passé dans votre Sanctuaire vaut plus que mille jours passés ailleurs, et j'aime mieux être le dernier dans les parvis de mon Dieu que d'habiter sous la tente des pécheurs, *elegi abjectus me in domo Dei magis quam habitare in tabernaculis peccatorum.* »

Jamais il n'avait si bien compris l'excellence et les grandeurs de sa vocation. Il avait toujours présent aux yeux de son esprit ce qu'en disent les Docteurs de l'Eglise, tels que saint Grégoire le Grand, considérant le clergé (*Morales,* liv. XIV, ch. 16) comme la première et la plus noble partie du corps mystique de Jésus-Christ, et saint Bernard, affirmant, dans un discours prononcé devant des prêtres assemblés en synode, que le ministre de Jésus-

Christ, sur la terre, est au-dessus des rois et des anges eux-mêmes, parce qu'il jouit d'un pouvoir qui n'appartient qu'à Dieu.

Mais il n'avait garde d'oublier que ce n'est pas seulemeut par leurs paroles que les saints témoignaient leur haute estime pour l'état ecclésiastique, mais bien plus éloquemment encore par leurs actes, s'éloignant, par une religieuse frayeur, de cet état sublime et s'en déclarant très indignes, quoiqu'ils eussent mené une vie entièrement pure et ornée de toutes sortes de vertus. Il se rappelait que c'est dans cette crainte que saint Ambroise avait tout fait pour ne pas être élevé sur le siège de Milan; que saint Jérôme avait été ordonné prêtre par saint Paulin, en protestant qu'on lui faisait violence ; que saint Augustin avait versé des torrents de larmes, pendant que saint Valère lui imposait les mains, persuadé que c'était en punition de ses péchés que Dieu l'avait chargé d'un si pesant fardeau, « *vis facta est mihi merito peccatorum meorum* (*Epist.* XXI, *ad Val.*, n° 1); » que saint Basile, saint Benoît, saint François d'Assise et une foule d'autres s'étaient sentis comme écrasés sous le poids d'un honneur

si redoutable, malgré leur science éminente, qui n'avait d'égale que leur piété.

Ces exemples des Saints le faisaient
quelquefois trembler et il se demandait s'il
ne devait pas quitter le Grand-Séminaire,
pour s'enfermer dans quelque cloître aus-
tère et y pleurer sur son aveuglement et
sa témérité.

Cependant, son sage directeur spirituel,
sans condamner ses légitimes alarmes,
mettait tout en œuvre, pour relever son
courage, quand il le voyait presque décidé
à se dérober aux terribles luttes de l'Apostolat séculier. Il eût vivement regretté
qu'un lévite, possédant des dons si précieux,
pour conquérir le cœur de ses semblables,
et animé d'un si brûlant désir de procurer
la gloire de Dieu et le salut des âmes,
choisît le rôle de Moïse priant sur la montagne, au lieu de celui de Josué combat-
tant dans la plaine.

Lui-même se rassurait aussi par la lecture assidue qu'il faisait de la Bible,
surtout du Nouveau Testament, qui nous
représente Notre Seigneur Jésus-Christ
envoyant ses apôtres dans le monde, non
pas pour y acquérir de la fortune et de la
gloire, mais pour propager la lumière de

l'Evangile, en se sacrifiant comme des brebis qui s'avancent au milieu des loups : « *Ego elegi vos et posui vos ut eatis et fructum afferatis et fructus vester maneat* (*Joan.*, xv, 16). »

Il se rassurait encore par la pensée d'un Dieu, qui se plaît à se servir de ce qui n'est rien dans le monde, pour faire ce qu'il y a de plus élevé, et il redisait avec admiration ces paroles du psaume CVII, qu'il avait souvent chantées, mais sans en saisir si bien le sens, à l'office des Vêpres : « Qui est semblable au Seigneur, notre Dieu, qui habite les hauteurs et qui contemple avec bienveillance ce que l'univers contient de plus humble, qui tire le pauvre de la poussière, pour le placer avec les princes de son peuple, *ut collocet eum cum principibus, cum principibus populi sui?* »

Il ne se rassurait pas moins par cette double considération, qu'il n'y a rien de plus agréable à Dieu, ni de plus méritoire devant lui, que la vie militante de l'état ecclésiastique.

D'abord, il n'y en a pas de plus agréable ; car s'engager dans cette vie, c'est s'engager à travailler au salut des âmes. Or, « qu'y a-t-il, selon saint Jean Chrysostôme, que Dieu ait tant à cœur? *Nihil ita gratum est Deo, ita curæ, ut animarum salus (Hom.* III, *in Gen.).* » L'apôtre saint Paul n'avait-il pas déjà dit que « Dieu souhaite ardemment que tous les hommes se sauvent? *Vult omnes homines salvos fieri et ad agnitionem veritatis venire (I Tim.,* II, 4). » Ceux donc qui s'emploient comme ses collaborateurs à cette œuvre si importante ne sauraient lui donner un plus grand témoignage de leur amour. Aussi n'en demande-t-il pas d'autre à saint Pierre, le prince des apôtres! Il ne lui dit pas : « Pierre, si vous m'aimez, jeûnez, priez, souffrez le martyre; » mais seulement : « Travaillez au salut des ouailles et des pasteurs, *pasce agnos meos, pasce oves meas (Joan.,* XXI, 15-17) »*, comme s'il disait : « Si vous m'aimez véritablement, je veux que vous me le prouviez, en m'aidant à sauver les âmes, que j'ai rachetées de mon sang. »

Il n'en est pas non plus de plus méritoire. L'aumône est bien, en effet, un des actes les plus méritoires que nous puissions faire. Cependant saint Jean Chrysostôme ne craint pas d'affirmer que convertir une seule âme c'est plus que donner tous ses biens aux pauvres, quand même ces biens surpasseraient ceux des plus riches potentats du monde, « *licet immensas pecunias pauperibus eroges, plus tamen effeceris, si unam converteris animam* (*Hom. 31, in* II *ad Cor.*). »

Saint Grégoire-le-Grand ne pense pas autrement, dans un passage où il commente ces paroles de l'apôtre saint Jacques : « *Qui converti fecerit peccatorem ab errore viæ suæ, salvabit animam ejus a morte et operiet multitudinem peccatorum,* celui qui ramènera un pécheur de ses égarements, sauvera son âme et ses péchés seront effacés, quel qu'en soit le nombre (V, 20). » Il y ajoute cette réflexion bien remarquable : « Si délivrer quelqu'un de la mort corporelle est déjà un acte d'un si grand prix aux yeux de Dieu, quel ne sera pas le mérite qui consiste à délivrer une âme de la mort éternelle et à la faire vivre pour jamais dans le Ciel (*Morales,* liv. XXI, n° 31). »

Aussi l'Écriture Sainte ne se contente-t-elle pas de dire que ceux qui enseignent aux autres le chemin du salut auront la vie éternelle, « *qui elucidant me vitam æternam habebunt (Eccli.,* XXIV, 31), » mais elle ajoute que ceux qui auront cherché à ramener les pécheurs dans les voies de la justice brilleront comme des étoiles pendant l'éternité tout entière, « *qui ad justitiam erudiunt multos fulgebunt quasi stellæ in perpetuas æternitates* (*Deu.*, XII, 3). »

Tous ces motifs, joints aux conseils de son ange conducteur, finirent par dissiper les appréhensions de notre séminariste et par lui faire prendre la décision définitive de consacrer son existence au saint ministère.

Dès ce moment, il ne se contentait plus de songer aux œuvres de zèle à entreprendre, pour le bien de la paroisse qui devait lui échoir, il se plaisait encore à enflammer, dans ce but, l'ardeur apostolique de ses condisciples. Et ce fut surtout depuis lors qu'il se lia d'une étroite amitié avec l'un d'eux, qui devint plus tard le cardinal Mermillod. Ayant la même piété tendre et expansive, les mêmes idées généreuses pour la gloire de Dieu et la sanctification des âmes, ces deux élus du Sanctuaire ne pouvaient pas manquer de s'unir ainsi. Cette amitié dura toute leur vie et, chose qui les honore également l'un et l'autre, c'est que le célèbre orateur ne dédaigna pas plus tard de consulter, souvent et sur toutes sortes de questions, celui qu'il aimait à appeler son « bon et vieil ami » et dont il appréciait le jugement droit et sûr.

Enfin, il arriva ce jour inoubliable, ce jour où l'abbé Goddard fut ordonné prêtre par Mgr Billiet, jour béni que le lévite célèbre par ces belles paroles du Psaume « *Confitemini* » : « *Hæc est dies quam fecit Dominus, exultemus et lætemur in ea;* voici le jour que le Seigneur a fait, passons-le dans le transport de l'allégresse. »

C'était le 10 juin 1843. Hélas! une seule chose manquait à sa joie, nous voulons dire la présence de ses parents bien-aimés, dont il avait reçu le dernier soupir peu auparavant. Dieu ne permet pas que les joies de ce monde soient sans mélange. Mais le jeune prêtre n'aura pas été privé, pour autant, de leurs prières et de leurs vœux, et ce n'est pas non plus ce qui l'empêcha de dire dans sa reconnaissance : « *Quid retribuam Domino pro omnibus quæ retribuit mihi?* Que vous rendrai-je, ô mon Dieu, pour tous les bienfaits dont vous m'avez comblé (*Psaume* CXV, 3)? *Calicem salutaris accipiam et nomen Domini invocabo*, je prendrai l'hostie eucharistique, le calice du salut, et je bénirai le nom du Dieu des miséricordes, qui, malgré mon indignité, a daigné me couronner de gloire. »

Jamais, depuis lors, l'abbé Goddard ne les oublia au « *Memento* » des morts.

Dans le saint Ministère.

Après l'ordination, l'abbé Goddard eut la liberté d'aller se reposer quelque temps dans sa famille. Le nouveau curé de Chindrieux, M. l'abbé Bassat, toujours attentif à utiliser tous les moyens qu'il rencontrait d'instruire et d'édifier ses paroissiens, le pria, dès les premiers jours, de monter en chaire. En vain le jeune prêtre s'efforçat-il d'éluder cet honneur, alléguant ce proverbe rappelé, un jour, par le divin Sauveur lui-même, que « personne n'est prophète dans son pays; *quia propheta in patria sua honorem non habet* (*Joan.*, IV, 44); » que, d'ailleurs, il n'était pas capable d'annoncer la parole de Dieu d'une manière convenable. Il dut s'exécuter,

et il le fit avec un plein succès. Rien ne
manqua à son discours, ni la méthode, ni
la clarté, ni la force de démonstration, ni
la pureté de diction, ni l'onction. Mais, ce
qui enleva tous les suffrages et toucha profondément les auditeurs, ce fut son accent
de foi vive et de modestie sincère. Ils sen-
taient que l'orateur ne se prêchait pas lui-
même, mais qu'il prêchait Notre Seigneur
Jésus-Christ, dont l'amour le dévorait.

Le 28 juillet 1843, l'abbé Goddard fut
nommé vicaire à Saint-Genix. C'était le
premier champ ouvert à son zèle, il l'y
déploya d'une manière admirable. Suivant
l'avis du grand Apôtre, il se faisait « tout
à tous, *omnibus omnia factus sum
(I Cor.*, IX, 22) » et surtout « le serviteur de
tous, *omnium me servum feci (Id.*, 19), »
pour les gagner tous à Notre Seigneur
Jésus-Christ. Mais ce don de lui-même ne
lui fit pas oublier sa dignité ni les conseils
de la prudence.

Son passage dans cette belle paroisse,
bien que de courte durée, fut si édifiant
que, aujourd'hui encore, les vieillards
aiment à raconter plusieurs traits qui le
signalèrent. Ainsi, un vénérable octogé-
naire rappelait tout récemment que, un

jour, l'abbé Goddard, après avoir administré le sacrement de l'Eucharistie à un
malade sur le point de mourir, vit avec
douleur la sainte Hostie sortir bientôt de
sa bouche livide avec des aliments non
digérés. Que fit, alors, l'homme de Dieu?
Il se mit en devoir de suivre sans hésita-
tion ce que pourtant les Règles liturgiques
n'indiquent, en pareil cas, que sous la
forme de conseil : il consomma les saintes
Espèces. Son esprit de foi n'avait pas eu
de peine à triompher de toutes les répugnances de la nature.

Un autre trait qui défraya longtemps les
conversations du pays, fut celui qui porta
le nom facétieux du « *duel des bois*. » Une
famille opulente et, d'ailleurs, très chrétienne de Saint-Genix, qui comptait dans
son sein des enfants nombreux, intelligents,
promettant beaucoup pour l'avenir et qui
professait pour l'abbé Goddard une haute
estime, avait conçu le projet de le demander
comme précepteur. Elle n'attendait que le
moment favorable d'en conférer avec lui.
Or, ce moment parut s'offrir heureusement
dans une promenade qu'elle achevait sur
les bords ombragés du Rhône, en face d'un
splendide coucher du soleil, comme on en

voit souvent dans ces parages. L'abbé
Goddard s'y trouvait déjà, autant pour
jouir de ce grand spectacle que pour res-
pirer un air pur, en récitant son Office.
Toutes les ressources de l'éloquence furent,
alors, épuisées, pour persuader un prêtre
si capable de donner l'éducation la plus
distinguée à toute une génération fort intéressante. Pour en assurer la conquête, on
alla même jusqu'à faire miroiter à ses yeux
les espérances les plus magnifiques pour
sa carrière, espérances fondées sur les
puissantes influences dont on disposait.

Tout avait été fort bien pris jusque-là;
l'abbé Goddard avait tout écouté avec l'air
aimable qu'il avait toujours. Mais, à ces
derniers mots, il se composa incontinent
le visage, comme un homme surpris et sous
le poids d'un sentiment pénible, et préci-
pita la fin du dialogue avec les formes
d'une courtoisie sans doute irréprochable,
mais d'un laconisme significatif.

On comprit qu'on avait fait un pas de
clerc et on n'y revint pas. « A bon enten-
deur, salut. » L'abbé Goddard n'était pas
homme à compromettre l'honneur du corps
par l'appât d'un intérêt personnel ou d'une
basse ambition. La malignité endémique

de la paroisse exploita sur une large échelle
cet insuccès diplomatique, au profit du
digne vicaire. Tel est en substance le
« duel des bois. »

Nous regrettons que le cadre si étroit de
cette notice nous interdise de relater beaucoup d'autres anecdotes, qui font connaître
l'âme profondément sacerdotale de l'abbé
Goddard dès les premiers temps de son
ministère.

Le 16 mai 1845, il fut appelé comme
vicaire à la Métropole; il avait alors vingt-
sept ans.

Cette grande paroisse ne tarda pas d'apprécier les rares qualités d'intelligence, de
tact, de vertu et de piété qui le distin-
guaient. Il gagnait la confiance de tous
ceux qui le connaissaient et c'était une fête
pour les pauvres, quand il entrait dans
leur humble réduit, toujours souriant et se
plaisant à traiter avec eux de leurs moindres intérêts, joignant les consolations de
la foi aux largesses de sa charité. De ses
modiques ressources, il ne gardait, pour
son usage, que ce qui lui était strictement
nécessaire et, jusqu'à son dernier jour, il
ne devait pas songer au lendemain. Il ne
serait pas possible d'énumérer les bienfaits

de tous genres, qu'il répandait particulièrement dans le sein des familles frappées par
les maladies et par les revers. Aussi M. le
chanoine Dépommier, son vénérable curé
pour la seconde fois, qui, soit par sa parole,
soit par son exemple, s'appliquait sans
cesse à encourager ses jeunes collaborateurs, dans l'accomplissement des devoirs
du saint ministère, était-il obligé de mo-
dérer l'activité infatigable de l'abbé Goddard. Et encore ne le faisait-il pas toujours
avec succès. Les circonstances vinrent
même le forcer de réformer ses conseils
paternels; car, dès qu'il s'agissait du bien
des âmes, le bon pasteur était disposé à
tout sacrifier.

S'il est un genre de charité méritoire
aux yeux de Dieu, c'est assurément celui
qui s'exerce envers les malheureux que la
justice humaine a séquestrés de la société.
Le nom seul de prison fait naître dans
l'âme une douloureuse impression. Quand
nous l'entendons résonner à nos oreilles,
nous sommes dominés par plusieurs pensées tristes, dont les unes nous excitent à
la pitié, et les autres nous humilient. Les
premières nous représentent ces criminels
si cruellement atteints dans leur âme et

dans leur corps : dans leur âme, par les cris du remords, qui les poursuit sans cesse, et par l'opprobre dont ils sont l'objet ; dans leur corps, par les privations et les souffrances qu'ils ont à subir. Les secondes nous humilient, en nous rappelant que nos propres méfaits, commis sous le regard du Souverain Juge, devraient nous avoir depuis longtemps conduits, nous aussi, dans les sombres cachots de sa justice, où gémissent de moins coupables que nous.

Avant Notre Seigneur Jésus-Christ, on avait déjà bien compris, chez les peuples civilisés, qu'il y avait quelque chose à faire pour cette pauvre portion de l'humanité, qui n'en sort pas malgré ses écarts, et certains philosophes de l'antiquité, tels que Pythagore, dans ses « *vers dorés,* » et Platon, dans son livre « *des Lois,* » considérant les dépressions du sens moral comme des maladies de l'âme, n'avaient pas désespéré de leur guérison. D'ailleurs, l'usage où étaient les Juifs, les Grecs et les Romains d'élargir des prisonniers, à l'occasion de certaines fêtes, ne révèle-t-il pas une espérance d'amendement? Car il n'est pas à présumer qu'on eût accordé sa délivrance à un voleur, avec la persuasion qu'il reprendrait aussitôt sa vie criminelle.

Mais cette vérité, découverte par la sagesse humaine, était demeurée spéculative ; ce ne fut qu'à l'avènement du Christianisme que l'on sut réaliser de si bonnes intentions demeurées jusqu'alors stériles. Les premiers chrétiens virent dans l'homme qui est dans les mains de la justice humaine un protégé spécial de la divine Providence ; car leur Sauveur adorable leur avait fait la déclaration formelle qu'il était venu « pour sauver les pécheurs, *non enim veni vocare justos, sed peccatores* (*Matth.*, IX, 13), » et il leur avait dit en propres termes que le bien qu'ils feraient à un prisonnier, c'est à lui-même qu'ils le feraient : « J'étais en prison et vous êtes venus me voir, *in carcere eram et venistis ad me* (*Matth.*, XXV, 36). »

Les apôtres ne manquaient pas de montrer les prisonniers comme les membres souffrants de Jésus-Christ, afin d'attirer sur ceux-ci les bienfaits de la charité : « Souvenez-vous, écrivait saint Paul aux Hébreux (ch. XIII, 3), souvenez-vous de ceux qui sont dans les chaînes, comme si vous étiez vous-mêmes enchaînés avec eux, *mementote vinctorum tanquam simul vincti.* » Aussi ne peut-on pas douter que leurs successeurs n'aient eu la plus grande sollicitude, non seulement pour les prisonniers chrétiens, mais encore pour les prisonniers païens, puisqu'ils regardaient tous les hommes comme leurs frères. Les leçons que le divin Maître nous a données à différentes reprises sur la charité et, en particulier, celle qu'il nous a tracée avec une certaine étendue dans la parabole du bon Samaritain, nous sont un sûr garant de leur zèle à visiter les prisonniers, juifs et païens.

Dès le second siècle, l'histoire nous fournit des documents authentiques sur l'empressement que les chrétiens mettaient à visiter les prisonniers. C'est Lucien qui nous en parle, dans son ouvrage sur la mort du philosophe cynique *Peregrinus Proteus* : « On ne saurait, dit-il, se faire une idée de l'activité que les chrétiens déploient, lorsqu'il s'agit de leurs intérêts communs. Ils n'épargnent rien. C'est ainsi qu'alors Peregrinus reçut d'importantes sommes d'argent, sous prétexte qu'il était en prison. Leur législateur est le premier qui ait persuadé les hommes de se traiter entr'eux comme des frères. »

Plus tard, sainte Perpétue, dans le récit

de son incarcération à Carthage, en 203, fait connaître le dévoûment que déployaient les Diacres auprès des victimes de la persécution, et saint Cyprien, évêque de la même ville (248-258), leur recommande instamment de visiter, dans les prisons, les fidèles qui souffrent pour la foi, « comme l'ont pratiqué leurs devanciers (*Epistola* 93, etc...) »

Le concile de Nicée, en 325, fondait la belle institution des « *Procureurs des pauvres, procuratores pauperum,* » dont la mission était de visiter les prisonniers et de leur rendre tous les bons offices que les circonstances peuvent demander.

Plusieurs princes chrétiens rendirent aussi des ordonnances, pour adoucir le sort des prisonniers. C'est ainsi que l'empereur Constantin-le-Grand (306-337) et ses successeurs rendirent sur cet objet des lois salutaires, où l'on voit toujours l'autorité en garde contre l'arbitraire des geôliers. Alphonse X, le Savant (1252-1284), roi des Asturies, de Léon, de Galice et de Castille, prit des dispositions analogues dans son recueil de lois connu sous le nom de « *Las Partides.* »

Mais, c'est surtout vers la fin du XVe siècle

que nous voyons les prisonniers attirer l'attention de la charité chrétienne. Et si, alors, l'on ne put pas encore transformer la prison, d'école de crimes qu'elle était, en école d'éducation corrective, comme le firent plus tard le Pape Clément XI (1700-1721) et la célèbre impératrice Marie-Thérèse d'Autriche (1740-1780), l'on fonda, du moins, des associations admirables pour le soulagement des prisonniers. Comme toujours, c'est de Rome, foyer des bonnes œuvres, que partit le mouvement. C'est ainsi qu'en 1488, le Pape Innocent VIII (1484-1492) établit à Rome la « *Compagnie* de la *Miséricorde,* » ou de Saint-Jean-Décapité, dans le but d'assister les condamnés à la peine capitale. Grâce à la piété des ducs de Savoie, Chambéry eut bientôt une institution semblable, sous le titre de : « *Pénitents noirs de la Confrérie de la Sainte-Croix et de la Miséricorde, érigée par autorité du Pape Clément VIII, en la ville de Chambéry et unie à celle de Saint-Jean-Décolat, de Rome.* »

Les membres devaient visiter les malades à domicile et dans les hôpitaux, comme aussi secourir les pauvres honteux, pour les empêcher de tomber dans le désordre. Mais l'article principal de leur Règlement était de visiter les prisonniers, pour subvenir à tous leurs besoins spirituels et temporels, et d'accompagner jusqu'au lieu du supplice les condamnés à mort. Cette confrérie n'a cessé d'exister qu'à la mort de M. le Comte Louis-Marie Fernex de Mongex, arrivée le 19 août 1885.

Du moment que l'abbé Goddard eut connaissance de cette œuvre, il conçut un grand désir de s'en occuper. Lui, qui brûlait constamment de la sainte passion de faire du bien aux autres, rêvait dès lors le bonheur de venir en aide à ces infortunés, privés de tout ce qui donne du prix à la vie; car, outre les privations qu'ils endurent, ils ont perdu l'honneur avec la liberté. L'honneur! le premier des biens d'ici-bas, que Dieu rend au repentir, en même temps que l'innocence, mais que le monde impitoyable ne rend pas. Pour eux, pas d'autre perspective que celle d'une existence empoisonnée par des peines afflictives et infamantes. Dans une telle extrémité, comment résister à la tentation du désespoir! Seule la religion chrétienne peut les retenir et les ramener dans la voie de la régénération, en leur parlant d'un Dieu, dont la miséricorde est sans limites, qui est vraiment le père de l'enfant prodigue et qui a ouvert son ciel au bon larron ; un Dieu, qui n'a jamais refusé de pardonner au simple aveu du crime et à la contrition sincère. Et peut-on contempler un plus beau spectacle que celui d'une religion triomphant de toutes les puissances de l'enfer, changeant des loups en agneaux, tirant les âmes des abîmes de la perdition, pour les revêtir des splendeurs de la grâce !

L'abbé Goddard sollicitait donc de la bonté divine la faveur de lui servir d'instrument auprès de pécheurs si dignes de compassion. Ses prières furent bientôt exaucées. Un digne prêtre, M. l'abbé Cusin, qui remplissait la double fonction d'aumônier de la Prison et des Religieuses de Saint-Joseph, se trouvait, alors, surmené par suite d'une recrue extraordinaire de détenus, sans compter la charge de préparer à la mort deux assassins, qui devaient monter sur l'échafaud. Comme toujours, les *Pénitents noirs* se firent un devoir, dans cette circonstance, de multiplier leurs visites à la Maison de Justice et de voir, en particulier, les deux condamnés qui devaient être prochainement exécutés. Mais, ces derniers demandant surtout l'action du prêtre, M. l'Aumônier crut devoir s'adjoindre un confrère, pour la mission délicate et pénible de les disposer à une bonne mort. Pour cela il s'adressa directement à l'abbé Goddard, dont il savait l'immense et ingénieux dévouement pour les âmes. Il ne pouvait pas lui procurer une joie plus vive : jugez de l'empressement avec lequel sa proposition fut acceptée.

L'abbé Goddard commença aussitôt le siège de ces deux natures tombées, d'abord, dans le paroxysme de la fureur, et qui, considérées comme indomptables, étaient étroitement serrées dans les fers. Terribles furent les combats qu'il eut à soutenir, et il n'est pas d'injure ni d'outrage qu'il ne dut subir. Mais il ne perdit pas courage et sa douceur inaltérable, ses mille industries charitables, ses prières et ses larmes finirent par les gagner à Dieu. Le personnel de la Prison fut vivement impressionné d'une pareille conversion et en croyait à peine ses yeux, quand il revoyait les deux forcenés devenus des anges de vertu et de piété.

Un magistrat, qui avait été témoin de

leur cynisme révoltant, odieusement étalé en plein tribunal et qui les avait jugés, fut saisi d'une telle admiration, devant cette transformation qu'il traitait de vrai miracle, et pour celui qui en était l'auteur, qu'il devint, lui aussi, un homme nouveau, sous la direction de « son cher compatriote, l'abbé Goddard. »

Tels étaient les succès qui venaient souvent récompenser le zèle du jeune apôtre. Il y en aurait bien d'autres à citer, qui, sans avoir eu le même retentissement, n'en furent pas moins beaux ni moins édifiants. Le cadre étroit de cette notice nous prive forcément de cette satisfaction.

Mais, malgré sa prédilection si marquée pour les classes inférieures, il ne négligeait pas les personnes, qui, pour être placées dans un rang plus élevé, n'en sont pas quelquefois, moins à plaindre au point de vue spirituel. Car le vrai bonheur n'est pas une sensation du corps, mais un bien de l'âme. Ce ne sont ni les richesses, ni les honneurs, ni les plaisirs qui nous le procurent; il ne peut être que le fruit de l'Esprit-Saint, animant la partie la plus noble de nous-mêmes : « *Non est pax impiis* (*Is.* XLVIII, *22*). » L'abbé Goddard,

qui ne trouvait rien de plus insipide que
de perdre son temps aux frivolités dont le
monde s'amuse, ne fuyait pas systématique-
ment les personnes de la haute société, et,
quand une occasion quelconque le mettait
en leur présence, il conversait volontiers
avec elles, s'attachant toujours à jeter dans
leur esprit quelque pensée surnaturelle.
Souvent ce pieux entretien provoquait,
après son départ, des réflexions comme
celles-ci : « Oh! que ce prêtre est aimable!
comme il respire la vertu! comme il rend
la religion douce et attrayante! Si jamais
je viens à me convertir, c'est à lui que je
m'adresserai. » Et de fait, plus d'un de ces
soi-disant libre-penseurs, qui, se laissant
aveugler par la prospérité, se targuent de
leur morale indépendante et affectent de
montrer un cœur de bronze en face des
manifestations de la foi catholique, comme
s'ils ne devaient pas mourir, durent, au
moment suprême, leur conversion et leur
salut à l'esprit évangélique de l'abbé Goddard. Que de fois on eut recours à lui dans
les situations désespérées! Et toujours,
après les ténèbres et l'orage, on voyait
reluire la lumière et l'arc-en-ciel de la paix,
dans les âmes renaissant à la grâce comme
au sein de leurs familles..

Cependant, la société que l'abbé God-dard recherchait surtout était celle des malades. Comme il se plaisait à le répéter, le spectacle des misères humaines était pour lui un bouclier de défense contre les embûches du démon. Il les visitait aussi souvent qu'il le pouvait, n'oubliant pas ces paroles que le divin Sauveur prononcera au dernier jour : « *Infirmus eram, et visitastis me*, j'étais malade et vous m'avez visité (*Math.*, XXV, 36). » Par un de ces profonds desseins de la Providence, qui surpassent notre intelligence, il arriva qu'il fut atteint lui-même d'une violente fièvre typhoïde. Il l'avait sans doute contractée en allant consoler quelqu'un de ceux qu'il appelait ses meilleurs amis.

Ne serait-ce pas aussi pour le rendre plus compatissant envers les malheureux qui sont cloués sur un lit de douleur, en même temps que pour augmenter le trésor de ses mérites, que Dieu lui envoya cette épreuve! Qui ne se souvient, ici, de cette règle admirable, en vertu de laquelle le grand-maître de l'Ordre des Chevaliers Hospitaliers de Saint-Lazare, fondé, au moyen-âge, pour soigner les lépreux, devait avoir été lépreux lui-même.

Toute la population fut émue du danger que courait le pieux vicaire. Mais les prières ferventes des fidèles finirent par toucher le Ciel, et, après avoir été à l'article de la mort, le malade reprit peu à peu ses forces et ses travaux.

Cette terrible crise mit encore plus en relief dans sa personne, les belles qualités de son âme. En face de la mort, il montra le calme et la sérénité qu'il avait toujours conservés dans toutes ses actions. En pleine santé, il avait tant de fois répété cette prière : « *Maria, mater gratiæ, mater misericordiæ, tu nos ab hoste protege, et mortis hora suscipe,* Marie, mère de grâce, mère de miséricorde, mettez-nous à couvert de l'ennemi et recevez-nous dans vos bras à l'heure de la mort (Rituel, *modus juvandi morientes)!* » Dieu pouvait-il, alors, manquer de placer sur son cœur et sur ses lèvres cette suprême oraison jaculatoire : « *In manus tuas, Domine, commendo spiritum meum,* je remets, Seigneur, mon âme entre vos mains (*Ps.* XXX, 6). »

Sa maladie fit de sa chambre, pour tous les confrères qui pouvaient y pénétrer, une véritable école des vertus de patience, de

résignation et de confiance en Dieu. « Ah!
que Dieu soit béni! leur disait-il, je viens
de recevoir une grâce précieuse d'éducation. Jamais je n'ai si bien compris le peu
que nous pouvons et le peu que nous sommes comme depuis que je suis réduit à
l'impuissance totale, sous l'étreinte de mon
mal. Jamais je n'ai si bien compris combien
notre orgueil a peu de raison d'être. Pourquoi être si fiers de notre santé, de nos
forces, de nos talents? Pourquoi nous pré-
lasser en ce monde, comme si nous tenions
tout de nous-mêmes, quand le moindre
accident peut nous abattre, au point de ne
pouvoir plus jouir de notre corps ni de
notre âme et d'avoir besoin d'un jouet,
comme le plus petit enfant, pour calmer
nos souffrances? Mais, ce qui me frappe
surtout, en ce moment, c'est l'illusion dé-
plorable de ceux qui comptent sur le temps
de leur dernière maladie, pour se préparer
à bien mourir. Comme si Dieu s'était
engagé à nous laisser le libre usage de nos
sens et de nos facultés jusqu'au dernier
instant de notre existence. Oui, je sais,
maintenant, par expérience, que même
dans une maladie plus ou moins longue,
la douleur efface dans notre esprit la pensée

du salut et de l'éternité. Il vaut mieux
vivre toujours dans l'état où l'on voudrait
se trouver à l'heure de la mort : « *Vigilate, quia nescitis diem neque horam
(Matth.,* XXV, 13). »

L'abbé Goddard n'attendit pas le retour
complet de sa santé pour reprendre les
diverses fonctions de son ministère. Aussitôt qu'il put se tenir debout, n'écoutant
que la voix de son zèle, on le vit se multiplier comme auparavant pour répondre
avec ses collègues, à tous les besoins du
service paroissial. Aux yeux des fidèles,
instruits des heures si édifiantes qu'il venait
de passer entre la vie et la mort, il repa-
raissait avec une auréole de messager du
Ciel, et leur confiance en lui grandit dans
de telles proportions que son confessionnal
était perpétuellement assiégé, soit par des
pécheurs poursuivis par la grâce d'une
conversion sincère, soit par des âmes foncièrement chrétiennes mais désireuses d'a-
vancer dans les voies de la perfection.
Que de mères de famille, surtout, étaient
heureuses de pouvoir lui confier leurs
enfants! Sachant les ressources inépuisa-
bles de sa bonté, de sa prudence et de son
discernement, elles se reposaient entière-

ment sur lui du soin sacré de ce qu'elles avaient de plus cher au monde.

Ce soin comportait nécessairement le choix d'une vocation à un moment donné : c'est là qu'il se montrait homme supérieur, homme de Dieu, en traçant à ses pénitents lès moyens à prendre pour ne pas s'égarer. Afin de ne rien oublier de ce qui pouvait leur être utile, il avait même écrit, sur ce sujet, un résumé de la doctrine des grands maîtres de la vie spirituelle, et toutes les fois qu'une jeune personne, par exemple, lui demandait comment elle pourrait connaître la volonté de Dieu sur elle, il formulait invariablement sa réponse dans ces trois mots : prier, réfléchir et consulter.

1° PRIER. « Avant tout, lui disait-il, priez le bon Dieu de vous faire connaître lui-même sa volonté ; mais priez-le avec un cœur exempt de toute faute grave. » Qui parmi les hommes peut savoir la voie qu'il doit suivre : *quis autem hominum intellegere potest viam suam (Prov.* XX, 24)! » Comment prévoir par soi-même tous les dangers qu'on peut rencontrer dans tel ou tel état, d'ailleurs permis et saint ! Dieu seul sait les secours et les obstacles que sa créature trouvera sur sa route. L'homme voit bien le but de la carrière et comme le commencement du chemin qui s'ouvre devant lui ; mais, voyageur sans expérience, il ne connaît ni les épines qui ensanglanteront ses pieds ni les rochers qui pourront les meurtrir, ni les précipices qui ouvriront leurs gouffres sous ses pas. Que faire au sein de cette obscurité, sinon crier vers Dieu, avec le Prophète-roi : « Seigneur, éclairez-moi, afin que je ne m'endorme point dans la mort, *illumina oculos meos, ne unquam obdormiam in morte* (*Ps.* XII, 4). Faites-moi connaître ma fin, *notum fac mihi, Domine, finem meum* (*Ps.* XXXVIII, 5)! Enseignez-moi à faire votre volonté, parce que vous êtes mon Dieu ; montrez-moi la voie dans laquelle je dois marcher, parce que j'ai élevé mon âme vers vous, *doce me facere voluntatem, quia Deus meus es tu* (*Ps.* CLXII, 10). Détournez mes yeux, afin qu'ils ne voient pas la vanité, *averte oculos meos, ne videant vanitatem* (*Ps.* CXVIII, 37). Donnez-moi l'intelligence, *da mihi intellectum* (*Ps.* CXVIII, 73). » Quand les vents, accumulant les sables du désert, ont caché au voyageur la route qu'il doit suivre, il n'a plus qu'à interroger, pour se conduire, la lumière des astres du ciel. « De même, lorsque nous ignorons ce que nous devons faire, il ne nous reste d'autre ressource que celle de tourner nos regards vers le Seigneur, *sed cum ignoremus quid agere debeamus, hoc solum residui ut oculos nostros dirigamus ad te (II Paral., XX, 12)*. Si quelqu'un de vous a besoin de sagesse, dit enfin l'apôtre saint Jacques, qu'il la demande à Dieu qui donne à tous avec abondance ; et la sagesse lui sera donnée, *si quis autem vestrum indiget sapientia, postulet a Deo, qui dat omnibus affluenter, et non improperat, et dabitur ei (Jac., I, 5)*. »

Comme le remarque Corneille de Lapierre, cette sagesse n'est autre chose que la connaissance de notre fin dernière et des moyens de l'atteindre. Or qui a un plus pressant besoin de cette sagesse que les jeunes gens sans expérience de la vie, qui doivent se choisir un état? Est-il quelqu'un au monde qui plus qu'eux ait à redouter les illusions, les préjugés, les entraînements des passions et cette fascination des faux biens qui nous entourent et dont l'éclat trompeur nous séduit si facilement?

Qu'ils prient donc! Certes, si la prière

est toujours la consolation, la force, la lumière du chrétien dans chacune de ses principales actions, ne doit-elle pas intervenir pour le guider et pour le soutenir dans la détermination la plus grave de la vie, le choix d'un état?

Aussi, comme il se plaisait à le répéter, tous les auteurs qui ont traité cette question, recommandent-ils de recourir, avant de prendre un parti, à la prière, à une prière ardente. « Il faut, dit saint Ignace (*in lib. exercit.*, Modus prior electionis), conjurer la bonté divine de daigner éclairer notre esprit et incliner notre volonté du côté vers lequel nous devons tendre de préférence. » « Priez instamment le Seigneur, écrivait saint Alphonse de Liguori à un jeune homme (*Œuvres ascét.*, édit. Castermann, t. III, p. 307. *De la Retraite*) de vous faire connaître sa volonté, quel que soit l'état auquel il vous destine. » « Ne manquez pas, poursuit le même saint Docteur, de vous recommander tout particulièrement à la divine Mère Marie, en la priant de vous obtenir la grâce d'accomplir parfaitement la volonté de son divin Fils (*Ibid.*, p. 310). »

Saint Louis de Gonzague visitait fréquemment un autel de la Sainte Vierge, jeûnait le samedi en son honneur et faisait souvent la sainte Communion avec ferveur. Le jour de l'Assomption, après avoir reçu le pain des Anges, tandis qu'au nom de Marie, il conjurait l'Esprit-Saint de lui manifester sa volonté, il en fut instruit d'une manière claire et positive. (ROSSI-GNOLI, *Du choix d'un état,* édit. Séguin, 1re partie, ch. 11).

La Sainte Vierge est, en effet, l'étoile que Dieu a fait luire sur l'océan du monde, pour guider vers le port du salut les hommes ballotés par la tempête. « Ah! ne détournez pas vos yeux de la lumière de cette étoile, si vous voulez échapper à la fureur des flots, dit saint Bernard; dans tous vos doutes, pensez à Marie, invoquez Marie (*Breviar. rom., in festo S. Nominis M.*). »

Mais il est essentiel de prier avec un cœur pur; car, lorsque le péché mortel règne dans une âme, il la remplit comme d'un nuage, qui, tout en voilant la clarté du ciel, entrave l'élan de la prière. « Vos iniquités ont mis un mur de division entre votre Dieu et vous, dit Isaïe. Vos péchés vous ont caché sa face miséricordieuse, il ne vous exaucera pas, *iniquitates vestræ diviserunt inter vos et Deum vestrum, et peccata vestra absconderunt faciem ejus a vobis, ne exaudiret* (LIX, 2). »

Quelques vieillards d'Israël allèrent voir, un jour, le prophète Ezéchiel, afin de consulter Dieu par son entremise. Ils s'assirent à côté de lui et, aussitôt, le Seigneur fit entendre au prophète cette parole : « Ces hommes ont souillé leur cœur par le crime, comment pourrai-je leur faire connaître ma volonté, *viri isti posuerunt immunditias suas in cordibus suis et scandalum iniquitatis suæ statuerunt contra faciem suam, numquid interrogatus respondebo eis* (*Ezech.*, XIV, 3). » Saül consulta aussi un jour le Seigneur, qui refusa de lui répondre parce que ce roi avait désobéi à ses ordres : exemples terribles, qui, hélas! se renouvellent trop souvent.

Qui donc ne plaindrait une jeune fille, qui, consacrant au péché le printemps de sa vie, se tiendrait séparée de Dieu jusqu'au moment venu pour elle d'embrasser un état et de décider de son avenir. Son regard pourrait-il percer, alors, la nuée ténébreuse qui l'environnerait, pour arriver jusqu'au ciel! Il faut donc prier en état de grâce et s'y établir solidement par la réception fréquente des sacrements de Pénitence et d'Eucharistie.

2° RÉFLÉCHIR. Mais, pour connaître sa vocation, il ne suffit pas de prier, il faut, de plus, réfléchir. « C'est parce qu'on ne réfléchit pas, dit un prophète (*Jerem.*, XII, 11), que la terre est dans la désolation, *desolatione desolata est omnis terra, quia nullus est qui recogitet corde.* » Oui, c'est ce manque de réflexion qui jette tous les jours dans des carrières, qui n'étaient pas faites pour eux, des hommes entraînés, non par la raison, ni par la grâce, mais par la triple concupiscence dont parle saint Jean, soit « la concupiscence de la chair, la concupiscence des yeux et l'orgueil de la vie, ou en d'autres termes, l'amour des plaisirs, l'amour des richesses et l'amour de la gloire, *concupiscentia carnis, concupiscentia oculorum et superbia vitæ* (*I Joan.* II, 16). » Qui pourrait dire ce qu'il en résulte de maux, soit pour les individus, soit pour les familles, soit pour la société elle-même? Que d'existences malheureuses, parce qu'elles sont hors de leurs voies! Que de dangers pour le salut dans lesquels on s'est jeté inconsidérément, quand on aurait pu facilement les éviter en les prévoyant ! Que de talents précieux enfouis, que d'intelligences étiolées ! Que d'âmes capables d'entreprendre de grandes œuvres se sont ainsi annihilées dans des soins frivoles et inutiles !

« Ah ! plût à Dieu que les enfants des hommes eussent la sagesse et l'intelligence et qu'ils en vinssent à prévoir la fin » dans la grande affaire du choix d'un état ! « *Utinam saperent et intelligerent ac novissima providerent (Deuter.* XXXII, 29)!* » Ils n'arriveraient pas à l'affreux désespoir de ceux qui crieront, au jour des divines vengeances : « Insensés que nous sommes, nous avons donc erré loin de la voie de la vérité, *nos insensati... ergo erravimus a via veritatis (Sap.,* V, 4, 6)!* »

Il faut donc réfléchir, mais à quoi ?

La simple raison répond que c'est, d'abord, à la fin de l'homme ; puis, aux différents moyens de l'atteindre, pour s'arrêter, enfin, à celui qui semble le meilleur.

a) A la fin de l'homme. — Oui, dit-il, il faut considérer que l'homme a pour fin, ici-bas, de connaître, d'aimer et de servir

Dieu, afin de parvenir au ciel. « Que sert à l'homme de gagner l'univers, s'il vient à perdre son âme, *quid prodest homini, si mundum universum lucretur, animæ vero suæ detrimentum patiatur* (*Matth.*, XVI, 26)! » Le ciel avant tout; tel ou tel état ensuite, à la condition qu'il aidera efficacement à aller au ciel. « Tout ce qu'il y a sur la terre, dit saint Ignace (*lib. exercit.*, 1ᵃ *hebdomada.*, *Principium*) a été créé pour l'homme, afin de l'aider à obtenir sa fin; d'où il suit qu'il ne doit user ou s'abstenir des choses de ce monde qu'autant qu'elles l'aident ou qu'elles lui sont un obstacle dans la poursuite de cette fin. »

Malheureusement, ce n'est pas toujours ainsi que raisonnent les jeunes gens. Ils jettent, d'abord, leur dévolu sur un état, sans examiner la question de savoir si c'est celui qui leur sera le plus avantageux; ce n'est qu'ensuite que le ciel vient dans leur pensée. C'est à pénétrer leurs âmes de ces importantes vérités que tendent précisément des lettres de saint Alphonse de Liguori, dont l'abbé Goddard transcrit quelques passages dans un de ses calepins.

A un jeune homme qui lui avait demandé conseil sur le choix d'un état, le saint Doc-

teur écrivait : « Si vous voulez choisir l'état
le plus sûr, pour faire votre salut, ce qui est
tout pour vous, considérez que votre âme
est immortelle et que la fin pour laquelle
Dieu vous a mis en ce monde n'est certai-
nement pas d'y acquérir des richesses et
des honneurs, ni d'y mener une vie com-
mode et agréable, mais uniquement pour
mériter la vie éternelle par la pratique de
la vertu. Au jour du jugement, il ne vous
servira de rien d'avoir élevé une maison
splendide, ni d'avoir brillé dans le monde ;
ce qui vous servira, alors, c'est d'avoir aimé
et servi Jésus-Christ. Le mal est que,
dans le siècle, on pense trop peu à Dieu et
trop peu aussi à l'autre monde, où l'on doit
faire un séjour sans fin. Toutes les pensées,
ou presque toutes, s'appliquent aux choses
de la terre ; de là vient que la vie est si
malheureuse et plus malheureuse encore
la mort. Si donc vous voulez être sûr de
bien choisir votre état de vie, représentez-
vous à l'article de la mort, et choisissez
celui que vous souhaiteriez, alors, d'avoir
embrassé. Considérez que toutes les choses
d'ici-bas ont une fin... Tout passe et la
mort s'avance vers nous ; et nous, à chaque
pas que nous faisons, nous avançons vers

la mort et vers l'éternité... Au moment où nous y penserons le moins, la mort fondra sur nous. Et, alors, que trouverons-nous dans tous les lieux terrestres? Y verrons-nous autre chose qu'illusion, vanité, mensonge, folie?... Cela ne servira qu'à nous faire terminer une malheureuse vie par une malheureuse mort (Réponse à un jeune homme. *Œuvres ascétiques :* édit. Castermam, tome III, p. 497 à 500). »

Le saint Docteur écrivait dans le même sens à une jeune fille : « Examinez, lui disait-il, ce qu'il y a de plus avantageux pour vous, ce qui peut le mieux vous rendre heureuse : si c'est d'avoir pour époux un homme terrestre ou d'être l'épouse de Jésus-Christ, fils de Dieu et Roi du ciel. Voyez lequel des deux partis vous paraît le mieux et prenez-le... Considérez aussi quelles seront les conséquences de l'état que vous choisirez, soit en vous donnant au monde, soit en vous donnant à Jésus-Christ. Le monde vous offre les biens de la terre... Jésus-Christ, au contraire, vous présente... des croix. C'est ce qu'il a préféré lui-même, durant tout le temps qu'il a vécu ici-bas. Mais il joint à cela deux compensations d'un prix inestimable : la paix du cœur en cette vie et le Paradis en l'autre... Heureux qui se sauve ! malheur à qui se damne !... Voyez ce que sont devenues tant de grandes dames, tant de princesses, tant de reines, qui dans le monde ont été servies, louées, honorées et presque adorées. Si elles ont eu le malheur de se damner, que leur reste-t-il de toutes leurs richesses, de tous leurs plaisirs, de tous leurs honneurs, sinon des remords et des peines qui les tourmenteront à jamais, tant que Dieu sera Dieu, sans qu'elles puissent jamais espérer aucun remède à leur perte éternelle !... Ainsi, ma chère fille, puisque vous avez à choisir l'état dans lequel vous devrez passer votre vie, prenez celui que vous voudriez avoir choisi, si vous étiez sur le point de mourir... Pensez-y bien. Dans le monde, il y a un grand nombre de femmes qui se perdent ; dans les couvents, celles qui se perdent sont rares (Avis à une jeune personne. *Œuvres ascétiques :* édit. Castermann, t. III, p. 505 et suivantes). »

b) Aux différents moyens de l'atteindre. — Quand, par de semblables réflexions, l'âme a bien compris sa fin, « il lui reste, dit saint Thomas d'Aquin (1, 2, q. 57, à 5), à faire son choix entre les différents moyens qui sont à sa disposition, pour l'atteindre : *rectitudo electionis requirit id quod convenienter ordinatur ad debitum finem.* »

Or, ces différents moyens étant purement les différents états qu'elle peut embrasser, elle n'a, par conséquent, plus qu'à les examiner de la manière la plus sérieuse et à s'arrêter ensuite à celui qui lui paraîtra le mieux adopté à ses conditions personnelles. Et encore, quand il s'agit pour l'âme d'examiner les différents états de vie, elle n'a pas à les passer tous en revue ; elle a seulement à considérer les deux états de vie chrétienne : l'état de vie commune et l'état de perfection.

Chacun de ces états est bien, dit Suarez (*De Statu perfectionis,* lib. 1, c. 2), une manière de vivre stable et fixe, établie pour obtenir la conservation de la grâce dans cette vie et la gloire dans l'autre ; mais le premier est commun au plus grand nombre des fidèles, le second est particulier à quelques-uns. Et, si on appelle de ce nom l'état de vie commune, ce n'est point que les personnes qui y sont engagées ne puissent faire des œuvres de surérogation et soient incapables de grandir, avec le secours de la grâce, dans la perfection spirituelle, autant qu'elles le voudront, mais parce que cet état ne les y oblige point et n'offre pas des moyens spéciaux pour cela. L'état de perfection ajoute à l'état commun quelque chose de meilleur et de plus parfait; on y trouve plus de moyens de pratiquer la vertu, moins d'occasions de violer la loi de Dieu et ainsi une plus grande sécurité.

« Du reste, rien n'empêche, dit Suarez après saint Thomas, qu'un homme soit parfait, quoiqu'il n'ait pas pris un état de perfection; comme aussi il peut arriver qu'un homme, qui est dans l'état de perfection, ne soit pas parfait. Ainsi, quoique tous les religieux soient dans l'état de perfection, tous ne sont pas parfaits. Quelques-uns peuvent même ne pas être justes. La raison en est qu'on peut fort bien avoir contracté une obligation sans la remplir. »

« Au contraire, beaucoup de séculiers et de gens mariés peuvent être parfaits, sans être pour autant dans un état de perfection; car, si cet état facilite l'acquisition de la perfection, il n'est pas néanmoins un moyen nécessaire pour l'acquérir (SUAREZ, *ibid.*, c. 5). »

Quand l'âme est en face de ces deux états

de vie, qu'elle réfléchisse donc sérieusement, qu'elle interroge ses goûts, ses tendances, ses passions, l'histoire de ses chutes, la nature et les causes de ses fautes ; qu'elle suive même le conseil des théologiens (LESSIUS, *De statu vitæ elegendo,* q. 6, n° 77) et des maîtres de la vie spirituelle, de passer, avant de se fixer sur le choix d'un état, quelques jours dans la retraite, loin du commerce des hommes et de l'agitation des affaires. Voici ce qu'écrivait saint Alphonse à un jeune homme : « Si la retraite spirituelle convient à toutes sortes de personnes, elle est particulièrement utile à quiconque veut se choisir un état de vie comme il le doit... C'est même le but que l'on s'est proposé dans l'institution de ces pieux exercices (*Œuvres ascétiques,* tome III, p. 306, édit. Castermann, *De la Retraite*). » Il est si difficile de rentrer en soi-même, quand on vit au milieu du monde !

« Alors, dit saint Ignace (in lib. exercit., *Prœludium electionis*), il faut opter pour celui qui conduit plus sûrement au but de notre existence ici-bas. Le moyen doit être subordonné à la fin, non pas la fin au moyen. C'est pourquoi ils sont dans l'erreur ceux qui se proposent, d'abord, de se marier, ou bien d'acquérir un emploi, puis de servir Dieu dans le mariage, ou dans cet emploi. Ils intervertissent l'ordre ; ils font passer avant ce qui ne vient qu'après ; ils ne tendent pas vers Dieu directement, mais d'une manière détournée et ils s'efforcent de le faire entrer dans le sens de leurs désirs pervers. C'est tout le contraire qu'il faut faire. On doit se proposer, avant tout, de rendre gloire à Dieu, ce qui est notre fin, puis choisir le mariage ou un autre état, selon qu'il nous est plus utile pour atteindre notre fin. »

Ici, l'abbé Goddard se pose une question fort intéressante et éminemment pratique. Il se demande si l'homme est libre de choisir, lui-même et comme il lui plaît, l'état de vie chrétienne qu'il préfère, ou bien si Dieu impose à chaque enfant de l'Eglise une sorte d'obligation d'embrasser tel état spécial. Il trouve la réponse dans le commentaire du savant Corneille de Lapierre sur le verset 7 du chapitre VII de la 1re épître de saint Paul aux Corinthiens et affirme, après lui, que Dieu n'a pas voulu prescrire à chaque homme un état particulier de vie, mais que, au contraire, il lui a laissé libre choix à cet égard comme dans beaucoup d'autres décisions à prendre. Assurément, ce Roi immortel des siècles, qui gouverne tout par sa Providence, dirige bien chacun dans une voie déterminée par l'intermédiaire des parents, des compagnies, des maîtres, des confesseurs et d'autres influences ; mais il le fait sans préjudice pour la liberté humaine et chacun choisit librement le mariage ou le célibat. Seulement, sa divine Sagesse, ne voulant pas pour cela abandonner les hommes, « puisqu'elle veut qu'ils soient tous sauvés, *qui omnes homines vult salvos fieri* (*I Tim.,* II, 4), » leur donne à tous les grâces nécessaires pour vivre chrétiennement dans l'état que chacun s'est choisi.

C'est pourquoi saint Paul dit ces paroles aux Corinthiens : « Je voudrais que vous fussiez tous comme moi (c'est-à-dire vivant dans le célibat) ; mais chacun a reçu de Dieu un don propre à son état, *unusquisque proprium donum habet ex Deo* (*I Cor.,* VII, 7). » En d'autres termes, les uns ont reçu de Dieu la grâce de la virginité, ou de continence parfaite ; les autres, celle de la continence dans la viduité ; d'autres, celle de la chasteté conjugale. Mais tous possèdent dans ces différentes grâces les moyens de vivre saintement et de se sauver. Ils n'ont qu'à y coopérer fidèlement.

3° CONSULTER. Enfin, avant d'entrer dans un état particulier de vie, il ne faut pas se contenter de prier et de réfléchir, il faut encore *consulter*.

« Mon fils, dit le Seigneur, ne faites rien sans demander conseil, et vous n'aurez pas lieu de vous repentir de ce que vous aurez fait, *fili, sine consilio nihil facias, et post factum non pœnitebis* (*Eccli.*, XXXII, 24). » L'Esprit-Saint, dit un commentateur, a en vue dans ce passage les œuvres difficiles et de quelque importance. C'est pour les entreprendre que nous avons besoin, surtout dans la jeunesse, de consulter des hommes prudents. « Recherchez toujours, disait Tobie à son fils (IV, 19), le conseil d'un homme sage, *consilium semper a sapiente perquire.* » Ce qui est fait suivant un conseil sage et droit est bien fait et il n'y a pas lieu de s'en repentir. Et si, après qu'on a consulté, on ne réussit pas, on se console facilement de son insuccès, en pensant qu'on n'a pas suivi ses propres inspirations, qu'on n'a pas agi témérairement, mais qu'on a écouté ceux aux lumières desquels il était à propos de recourir (CORNEL. A LAP., in vers. 24, cap. XXXII, *Eccli.*). » « Ne vous appuyez pas sur votre propre prudence, dit encore l'Esprit-Saint (*Prov.*, III, 5), *ne innitaris prudentiæ tuæ.* » — « Malheur à vous qui êtes sages à vos propres yeux et qui vous croyez prudents, dit encore le prophète Isaïe (V, 21), *væ qui sapientes estis in oculis vestris et coram vobismetipsis prudentes!* » Il est fort à craindre que cette malédiction ne pèse sur ceux qui, sans conseil, assument témérairement sur eux la responsabilité du choix d'un état.

Mais, autant il importe de consulter, avant de prendre une décision irrévocable, autant il est à redouter de choisir de mauvais conseillers. « Ne consultez pas les insensés, car ils ne peuvent aimer que ce qui leur plaît, *cum fatuis consilium non habeas, non enim poterunt diligere nisi quæ eis placent (Eccli.*, VIII, 20). » Les insensés et les pervers aiment, en effet, et conseillent ce qui est dans le sens de leurs passions et de leurs intérêts, non ce qui est utile aux autres. Il ne faut donc pas s'adresser à des hommes qui ne craignent pas le Seigneur comme ils le doivent : « Irez-vous traiter de la sainteté avec un homme irréligieux...? et de la piété avec un impie, *cum viro irreligioso tracta de sanctitate et cum injusto de justitia (Eccli.,* XXXVII, 12). » « Choisissez un conseiller entre mille, *consiliarius sit tibi unus de mille (Ibid.,* VI, 6). » Un illustre interprète commente ainsi ce passage : « Il ne faut consulter que quelques hommes rares et prudents, car il y en a peu. Il y en a encore moins qui aient une grande expérience; il y en a excessivement peu qui soient discrets et fidèles (CORNEL., *in hoc cap.* VI). » Mais c'est surtout quand on aspire à la vie parfaite qu'il faut éviter de nombreux conseillers. Car, si on prenait l'avis d'un grand nombre, qui ne voit qu'on se créerait un grand obstacle? Les hommes charnels ne sont-ils pas toujours les plus nombreux, entravant plutôt qu'ils ne secondent, les désirs de la perfection. C'est une remarque de Saint Thomas (*Opusc.,* XVII, c. 1).

« Qu'on ne choisisse pour conseillers que ceux qui sont prudents et bienveillants, dit saint Bernard (Patrol., lat., édit. Migne, *épist.* 42, col. 810, 8 n.). A peine, dans la multitude des hommes, chacun en trouve-t-il un, qui possède d'une manière parfaite ces deux qualités. Ce n'est pas facile de trouver chez un homme prudent la bienveillance, et la prudence chez un homme bienveillant, et ils sont innombrables ceux qui manquent de l'une et de l'autre. » Saint Ambroise tient le même langage (lib. II, offic., c. 12, édit. Migne, col. 119, n° 62) : « Quand on demande conseil, écrit-il, il importe de s'adresser à un homme remarquable par la probité de sa vie, par ses vertus et spécialement par sa bienveillance. »

Or le meilleur conseiller, lorsqu'il s'agit de vocation, c'est un homme de Dieu, c'est un confesseur éclairé, prudent et vertueux, qui désire avant tout notre salut et auquel on fait connaître tous ses défauts, toutes ses tendances mauvaises, tous les périls que l'on a courus et tous ceux que l'on doit redouter. Suarez exige qu'on s'adresse à des conseillers « probes, désintéressés, libres de toute affection humaine pour la personne qui les consulte et qui aient des idées justes et droites sur la vie sainte et religieuse, *probi et liberi ab omni humano affectu, quique de vita sancta et*

religiosa recte sentiant (lib. VII, c. 8); »
qui mieux qu'un confesseur, qui a grâce
d'état pour représenter Notre Seigneur
Jésus-Christ auprès des âmes, peut leur
indiquer la voie à suivre pour aller au ciel?
N'est-il pas cet homme que la divine
Sagesse nous invite à voir souvent, « parce
que, dit-elle, sachant garder la crainte de
Dieu, il aura compassion de vous, quand
vous chancellerez dans les ténèbres, *et
qui, cum titubaveris in tenebris, condo-
lebit tibi (Eccli.*, XXXVII, 16)? » Une confession générale, qui lui manifesterait les
blessures, les inclinations et les replis de
l'âme, l'aiderait même beaucoup à donner
un avis sage. Du reste, toutes les fois que
quelqu'un ira implorer les lumières d'un
prêtre, digne de sa confiance, au sujet de
sa vocation, ce prêtre ne manquera pas de
lui indiquer tout ce qu'il devra faire, avant
de prendre une résolution décisive.

Il est bon d'observer ici que, lorsqu'il
s'agit de s'engager dans le mariage, les
enfants doivent toujours se conformer à
l'enseignement du Catéchisme du Concile
de Trente, qui les oblige à ne jamais entrer
dans cet état sans avertir leurs parents et, à
plus forte raison, malgré eux (De matrim.,

n° 37). Mais saint Alphonse de Liguori fait très bien remarquer aussi que, « lorsqu'il est question de l'état religieux, il n'est ni nécessaire, ni même à propos que les enfants consultent à cet égard les auteurs de leurs jours, non seulement parce que ceux-ci n'ont aucune expérience en cette matière, mais parce qu'égarés par leur propre intérêt, ils deviennent des ennemis (*Théol. mor.*, lib., IV, n° 68). Il y a lieu de dire, alors, avec le divin Maître, que « les ennemis de l'homme sont ceux de sa maison, *et inimici hominis domestici ejus* (*Matth.* X, 36). »

Parlant comme théologien, Lessius n'est pas moins explicite. « Les Pères de l'Eglise, dit-il, ont toujours affirmé que pour être éclairé sur sa vocation, il ne faut en aucune façon demander des conseils aux hommes du monde... Eblouis par le faux éclat des choses terrestres, ils ne connaissent pas le prix des biens invisibles. La pauvreté volontaire leur paraît un état malheureux; la chasteté leur semble un produit de l'hypocondrie; l'obéissance est à leurs yeux une servitude;... un habillement grossier ou trop simple, un déshonneur; le couvent, une prison; et tous les

exercices de la vie religieuse sont pour eux
une occupation méprisable... Ils font, au
contraire, le plus grand cas des richesses,
des honneurs, des mariages opulents... Or,
il est impossible que des hommes dominés
par un pareil amour du monde inspirent
une résolution salutaire à ceux qui les consultent sur la vie religieuse ; car chacun
juge et donne des conseils selon ses propres
sentiments (LESSIUS, édit. latin., q. IV,
n° 38). »

L'abbé Goddard fut souvent sollicité de
servir ainsi d'ange conducteur, soit à des
jeunes gens, soit à de jeunes personnes,
qui, désireux de conserver le trésor de
l'amitié de Dieu qu'ils avaient reçu avec
tant de bonheur au grand jour de leur
première Communion, ou dans d'autres circonstances, voulaient à tout prix savoir si
pour cela il leur était plus avantageux
d'entrer dans la vie religieuse que de rester
dans le monde, de garder le célibat que
de vivre de la vie ordinaire dans l'état du
mariage. Les premières réponses avaient
toujours pour but de calmer l'enthousiasme
et les impatiences de la première heure
et, tout en les exhortant de tout son pouvoir à ne jamais perdre l'amitié de Dieu,

dont ils goûtaient si vivement la douceur et les charmes, il leur exposait petit à petit toutes les difficultés inhérentes à chaque état de vie et les amenait ainsi à étudier leur avenir dans sa réalité. Mais il le faisait avec tant de bonté, tant de dévouement, tant de délicatesse et tant d'esprit de foi qu'il s'attirait une confiance illimitée et que ses décisions étaient écoutées comme des oracles, par les parents comme par les enfants. Aucune famille n'eut, en effet, à subir la séparation toujours si pénible à la nature, par suite d'une vocation dirigée par ses soins, sans y avoir été préparée de longue main. Et c'est ainsi qu'il montrait dans ses splendeurs le génie de l'Evangile, conciliant toutes choses, faisant bénir autour de lui l'adorable auteur de la nature et de la grâce ; c'est ainsi qu'on ne savait ce qu'il y avait de plus admirable en lui, de son discernement ou de sa charité.

III

Aumônier du Sacré-Cœur.

Cependant l'abbé Goddard n'était pas destiné à travailler toujours dans cette portion de la vigne du Seigneur, où il était tant estimé et aimé. Monseigneur Billiet, qui appréciait de plus en plus sa haute valeur, lui réservait un poste de choix ; la divine Providence vint inopinément au devant de ses désirs. L'aumônerie du Sacré-Cœur étant devenue vacante, par suite de l'entrée de son titulaire, M. le chanoine Dubois, au Chapitre métropolitain, il se hâta de la lui confier. Il ne se doutait pas qu'il comblait en même temps les vœux de cette Maison d'élite ; car, depuis un sermon que le pieux abbé y avait prêché, un Vendredi-Saint, sur la Passion du divin Sauveur, on ne cessait de l'y demander secrètement au Sacré-Cœur de Jésus.

Le nouvel élu ne dissimula pas sa surprise ni sa frayeur devant une pareille mission. Sans vouloir discuter l'ordre formel de son Archevêque, pour lequel il professait un vrai culte de vénération, il se crut obligé, en conscience, de lui objecter humblement son inexpérience, l'autorité insuffisante de son âge, son incapacité à remplir un ministère aussi élevé. Tout fut inutile ; Monseigneur n'en fut que plus convaincu de la sagesse de sa décision, qui devint un fait accompli le 1ᵉʳ octobre 1851. Le nouvel aumônier ne tarda pas de se féliciter de vivre dans un milieu, où la charité, l'humilité sincère et l'autorité s'unissaient dans la plus parfaite harmonie et qui devait l'édifier chaque jour davantage pendant quarante-quatre ans, c'est-à-dire jusqu'à son dernier soupir.

Son ministère auprès des Religieuses du Sacré-Cœur.

Une fois installé dans le modeste logement de son aumônerie, l'abbé Goddard ne songea plus qu'à remplir de son mieux, sous le regard de Dieu seul, tous les devoirs de sa charge. Il se séquestra tellement de ses anciennes relations que Monseigneur Billiet disait, quelque temps après, que son cher abbé s'était vraiment fait « religieux du Sacré-Cœur. »

Assurément, depuis sa sortie du Grand-Séminaire, il n'avait pas cessé d'en pratiquer la règle pour ses exercices privés de piété. Il était toujours resté fidéle à l'oraison, à la visite au Très Saint-Sacrement, à la récitation du chapelet, à la lecture spirituelle, à la réception régulière du sacrement de Pénitence ; mais il était loin de connaître à fond la vie religieuse proprement dite, non plus que l'importance donnée aux moindres actes d'une communauté et de tous ceux qui en font partie. Lui, qui avait toujours tant aimé la vie réglée, ne se lassait pas d'admirer cette immolation constante des caprices de la nature aux célestes impulsions de la grâce, pour les plus petites choses comme pour les plus grandes. Plus tard, il aimait à rappeler, dans des conversations intimes avec ses confrères, que ce qui l'avait surtout frappé, en abordant ce labyrinthe de constructions, qui forment la Maison du Sacré-Cœur, c'était le silence profond qui régnait dans son intérieur, silence qui n'était interrompu que pendant les temps de récréation des Élèves du Pensionnat. Des yeux modestement baissés, des bouches fermées, des pas à peine perceptibles, voilà tout ce qu'il pouvait rencontrer en allant à la Chapelle.

Ce n'était pas seulement un silence de paroles, mais un silence d'action ; car, dans le mouvement perpétuel de tant de personnes livrées à leur emploi particulier, il ne surprenait rien qui fut de nature à troubler le recueillement général. Il était ravi de cette sublime harmonie de tant de volontés doucement soumises à l'expression d'une volonté unique, la volonté même de Dieu.

Mais, méthodique en tout, et profitant de tout pour s'instruire et s'édifier, il ne manqua pas de noter ses premières impressions dans la maison du Sacré-Cœur. On les a trouvées consignées dans ses cahiers intimes et suivies de la transcription de ce passage d'un des immortels discours de saint Jean Chrysostome (*De bono silentii* lib. I, c. 16). Il nous a paru trop beau, pour ne pas le rapporter ici.

« Gardez le silence, mes Frères, comme
« une forte muraille ; ce sera par son moyen
« que vous surmonterez les tentations ; vous
« les combattrez d'en haut et avec avan-
« tage, et elles seront à vos pieds. Gardez
« le silence dans la crainte de Dieu, et
« vous ne recevrez aucune blessure des
« traits de vos ennemis. Le silence joint à

« la crainte de Dieu est un char de feu qui
« nous enlève dans le ciel ; c'est ce que
« vous apprenez par le ravissement du pro-
« phète Elie. O silence, qui êtes la perfec-
« tion des solitaires, l'échelle du ciel, la
« voie du royaume de Jésus-Christ, la mère
« de la componction, le miroir des pécheurs !
« O silence ! qui faites couler nos larmes,
« qui produisez la douceur, qui êtes insé-
« parable de l'humilité, qui éclairez les
« esprits et qui faites le discernement de
« nos pensées ! O silence ! qui êtes la source
« de tout bien, qui nous soutenez dans nos
« jeûnes, qui réprimez l'intempérance !
« c'est vous qui nous donnez la science des
« Saints et l'art divin de la prière ; vous
« calmez les ardeurs de notre imagination
« et vous nous servez de port assuré contre
« les tempêtes. O silence ! qui détruisez
« toutes nos inquiétudes, que votre joug
« est aimable et doux ! comme il délasse et
« porte agréablement celui qui le porte !
« comme il remplit nos âmes de consola-
« tions ! O silence ! vous réglez les mouve-
« ments de nos yeux et de notre langue :
« n'êtes-vous pas la mort de l'impudence
« et de la calomnie, la mère du respect et
« de la charité ! Vous refrénez nos passions ;

« vous vous associez à toutes les vertus ;
« vous nous faites aimer la pauvreté ; vous
« êtes bien le champ fécond de l'Evangile,
« rapportant toutes sortes de fruits en
« abondance. O silence ! qui avec la crainte
« de Dieu, servez de bouclier à tous ceux
« qui combattent pour le royaume du ciel !
« Oh ! mes Frères, acquérez donc ce trésor ;
« c'est le plus précieux qu'on puisse rêver
« sur la terre ; c'est le partage de Marie
« aux pieds du Sauveur, *Maria optimam*
« *partem elegit, quæ non auferetur ab*
« *ea* (*Luc*, X, 42). »

Pour l'abbé Goddard, ce silence était plus éloquent que l'éloquence même de l'illustre patriarche de Constantinople. Pour lui, le silence faisait du Sacré-Cœur, non pas un désert, mais un paradis.

Une autre chose qui ne l'avait pas moins frappé, c'était les procédés délicats et ingénieux que la charité inspirait aux Dames du Sacré-Cœur dans tous leurs rapports mutuels. Une d'elles venait-elle à en rencontrer une autre, toutes les deux échangeaient un salut discret et gracieux, sans que le silence eût à en souffrir. De même, une circonstance quelconque eût-elle empêché l'une d'achever ce qu'elle avait commencé, ou bien lui eût-elle fait commettre quelque oubli contraire au bon ordre, celle qui passait se mettait aussitôt en devoir de combler cette lacune, sans rien laisser transpirer. Un semblable esprit de foi, de famille et de dévouement l'édifiait au suprême degré et lui faisait contempler avec bonheur l'idéal de la vie chrétienne, telle qu'elle était dans les premiers temps de l'Eglise, alors que la « multitude des croyants n'avaient qu'un cœur et qu'une âme, *multitudinis autem credentium erat cor unum et anima una (Act., IV, 32).* » Il voyait ainsi la mise en pratique de cette exhortation de saint Paul aux Romains (XV, 2, 3) : « Que chacun s'étudie à faire plaisir à son prochain, pour son bien et pour l'édification ; car Jésus-Christ n'a pas cherché sa propre satisfaction, *unusquisque vestrum proximo suo placeat in bonum, ad œdificationem ; etenim Christus non sibi placuit,* » et de cette autre que le grand Apôtre adressait aux habitants de Philippes : « Ayez la même charité, ayez aussi les mêmes goûts, les mêmes sentiments, le même esprit. Ne faites rien par esprit de contention et de vaine gloire ; mais que par humilité chacun regarde son frère comme son Supérieur et ne se préoccupe jamais de ce qui lui convient à lui-même, mais de ce qui convient à son frère, *non quæ sua sunt singuli considerantes sed ea quæ aliorum (Philip., II, 4). »*

Enfin, ce qui l'avait encore frappé, alors, et qui lui était resté profondément gravé dans la mémoire, c'est le respect de l'autorité professé par les Dames du Sacré-Cœur. Quand il demandait un renseignement à la porterie, on lui répondait toujours par les mêmes formules : « Ma mère l'a dit..., je vais le demander à ma mère... » Certes, si quelqu'un aimait le principe d'autorité, c'était bien l'abbé Goddard. Jamais il ne s'était arrêté à la seule idée d'une discussion, en face d'un ordre de ses supérieurs. Le devoir de l'obéissance lui était même si naturel qu'il aurait dû se faire violence pour l'enfreindre. Mais, quand on sort d'un monde qui en comprend si peu l'excellence et les beautés, d'un monde où l'esprit d'indépendance souffle partout, à tel point que les meilleures âmes en sont infectées et que, à leur insu, elles participent à cette disposition générale dont nous voyons les fruits amers, dans l'ordre social et dans la vie domestique, et qu'on se trouve

tout à coup en face du devoir parfaitement
accompli dans une nombreuse communauté
et se révélant par des actes héroïques ré-
pétés sans cesse, on en demeure fortement
saisi. C'est ce qui explique ses vifs transports d'admiration devant un spectacle
digne des regards du ciel.

Telles sont les premières impressions
qu'il éprouva dès son entrée dans la Maison du Sacré-Cœur. Elles exercèrent sur
lui la plus heureuse influence, en dissipant
toutes ses appréhensions et en l'attachant
irrévocablement à son poste.

Quels sont, maintenant, les moyens qu'il
employait pour conduire son cher troupeau
dans les voies de la perfection? Il ne nous
est pas possible de le dire. Nous pouvons,
toutefois, en savoir indirectement quelque
chose par deux témoignages : le témoignage
de ses manuscrits et le témoignage d'un
grand nombre de personnes du monde qui
s'adressaient à lui pendant la longue carrière qu'il fournit comme aumônier du
Sacré-Cœur.

Nous avons, en effet, parcouru ses manuscrits, qui sont une vraie mine d'or, qu'il
enrichissait chaque jour et où il puisait, en
temps opportun, les plus solides instruc-

tions. Or, quoique seules les âmes, qui ont
eu le bonheur de suivre sa direction, pourraient nous révéler la manière dont il se
servait de ces précieux matériaux, en dispensant le pain sacré de la parole de Dieu,
il est un fait qui se dégage clairement de
leur examen attentif, c'est son application et
son habileté à faire aimer les vertus de la
vie claustrale par les ravissants tableaux
qu'il trace de leur excellence et de leurs
merveilleux effets. On dirait qu'il s'en fait
l'apologiste plutôt que le prédicateur.

Ce genre d'apostolat convenait sans doute
à son auditoire spécial, qui n'avait besoin
que d'être encouragé dans la persévérance.
Ne répondait-il pas, d'ailleurs, au dernier
avis que Monseigneur Billiet lui avait
donné, en l'envoyant garder le petit bercail
du Sacré-Cœur de chambéry : « Allez-y
avec confiance ; Dieu est avec vous et fera
tout lui-même. Rappelez seulement à ces
Dames que l'observation des règles si sages
de leur société peut les faire parvenir à la
plus haute sainteté et montrez-leur, surtout,
ces couronnes d'une incomparable beauté
que Notre Seigneur Jésus-Christ destine à
ses épouses fidèles à leurs saints vœux. »

Nous avons aussi le témoignage de beau-

coup de personnes du monde, telles que les
« Enfants de Marie, » dont nous parlerons
plus loin et qu'il recevait à son confessionnal, dans la chapelle qui leur était
réservée. Elles ne tarissaient pas sur la
douceur évangélique, sur la patience, sur
le tact, sur la délicatesse de l'abbé Goddard, principalement sur le don qu'il avait
de faire aimer la vertu.

Faire aimer les vertus obligatoires de
l'état de perfection, qui sont la pauvreté,
l'obéissance et la chasteté, en parlant souvent de leurs splendeurs, de leur mérite
immense aux yeux de Dieu et de leur récompense dans le ciel, voilà donc le moyen
principal qu'il a dû employer pour faire
avancer son cher troupeau dans les voies
de la perfection.

Mais, qu'est-ce qui lui donnait cette éloquence si persuasive? Ici, la réponse n'est
pas douteuse pour tous ceux qui ont eu
l'avantage de connaître tant soit peu l'abbé
Goddard. Ils ne perdront jamais le souvenir
de cette physionomie, dans laquelle se reflé-
taient si sensiblement la candeur et la
sérénité de l'âme en état de grâce, et seront
unanimes à répondre que c'était l'ensemble
des qualités surnaturelles de sa personne.

Ils ont toujours vu en lui un homme habitué à vivre dans des régions supérieures à la terre et n'ayant qu'un objectif, celui de procurer en tout la gloire de Dieu et le salut des âmes; une parfaite image du bon pasteur, sévère pour lui-même, mais d'une charité sans bornes pour tout le monde; un modeste, mais ardent apôtre de la Loi d'amour, ne connaissant pas de causes désespérées et dont le seul aspect excitait à l'espérance de la lumière et du pardon. Heureuses les brebis qui cheminent sous la houlette de semblables pasteurs. Elles peuvent bien dire comme le Roi-Prophète : « C'est le Seigneur lui-même qui me conduit : que puis-je désirer de plus, *Dominus regit me, et mihi deerit.* Où pourrais-je trouver de plus riches pâturages, *in loco pascuæ ibi me collocavit* (*Ps.* XXII, 1, 2)? »

C'est tout ce que nous pouvons dire du ministère de l'abbé Goddard auprès des Dames du Sacré-Cœur. Mais qu'il nous soit permis de rapporter ici un extrait de ses nombreux cahiers que nous supposons avoir été écrits pour elles. Il a pour objet l'obéissance dans la vie religieuse et présente un spécimen de l'enseignement profond que recevait le Sacré-Cœur : « *Ab uno disce omnes.* »

Ses pensées sur l'obéissance.

Nous avons déjà dit qu'une des choses qui l'avaient le plus édifié dans les débuts de son ministère au Sacré-Cœur, c'était l'esprit d'obéissance qui en guidait toutes les actions. Désireux d'entretenir le feu sacré de cette vertu, que les Maîtres de la vie spirituelle ont toujours regardée comme la force d'une communauté, il en étudia avec soin l'excellence, la·nécessité, les qualités et les fruits. Voici quelques extraits des pages qu'il a consacrées à son excellence et à ses fruits.

I. SON EXCELLENCE. — « Voulons-nous « savoir, dit-il, le prix que nous devons « attacher à l'obéissance? Rien ne nous en « donne une plus juste idée comme ces « trois mots que saint Luc applique au « divin Sauveur, pour raconter la presque « totalité d'une vie qui ne fut qu'un en- « chaînement de merveilles : « *Erat sub-* « *ditus illis,* il leur obéissait (*Luc,* II, « 51). » En taisant toutes les vertus prati-

« quées pendant trente ans par le Verbe
« incarné, pour ne parler que de sa sou-
« mission à Marie et à Joseph, l'Esprit-
« Saint ne nous montre-t-il pas clairement
« qu'il veut nous inspirer une estime par-
« ticuliére pour la vertu d'obéissance,
« comme résumant en elle seule, pour ainsi
« dire, toute la sainteté de l'Homme-Dieu,
« proposé à notre imitation !

« Du reste, étudions notre Modèle ado-
« rable dans toute sa vie de Rédempteur :
« qu'a-t-il dit et qu'a-t-il fait au sujet de
« l'obéissance ?

« 1° Ecoutons le roi David, interprété
« par saint Paul, lui mettant ces paroles à
« la bouche, lorsqu'il fait son entrée dans
« le monde, pour le sauver : O mon Père,
« vous n'avez pu vous contenter des holo-
« caustes qui vous ont été offerts jusqu'à
« présent ; ils n'étaient pas dignes de vous...
« Mais, en me donnant un corps, vous m'a-
« vez rendu capable de vous honorer par
« mon obéissance, et j'ai dit : je viens. Il
« est écrit de moi à la tête du Livre, dans
« l'éternité de vos décrets, et c'est là le
« point capital de mes devoirs, que j'ac-
« complirai votre volonté... Je l'ai voulu,
« ô mon Dieu, et cette loi est gravée au

« milieu de mon cœur, *tunc dixi : ecce*
« *venio, ut faciam, Deus, voluntatem*
« *tuam* (*Heb.*, X, 5, 9 ; *Ps.* XXXIX, 7, 9). »
« Après son entretien avec la femme de
« Samarie, voyant ses disciples inquiets de
« ce qu'il n'avait pas mangé depuis long-
« temps, il leur parle d'une nourriture
« qu'ils ne connaissaient pas et qui ne lui
« manque jamais : c'est l'obéissance aux
« volontés de son Père. Elle répare, elle
« entretient ses forces. Il vit d'obéissance ;
« il s'y porte avec autant d'empressement
« qu'un homme affamé se porte aux ali-
« ments qu'on lui présente, « *meus cibus*
« *est ut faciam voluntatem ejus qui*
« *misit me* (*Joan.*, IV, 34). » Il nous as-
« sure qu'il n'est venu du ciel que pour
« obéir, « que sa mission est de sauver le
« monde par son obéissance, comme Adam
« l'a perdu par sa révolte, *descendi de*
« *cœlo, non ut faciam voluntatem*
« *meam, sed voluntatem ejus qui misit*
« *me* (*Joan.*, VI, 38). » Il proteste que
« ce n'est pas en disant : Seigneur, Sei-
« gneur, qu'on méritera d'être admis au
« royaume céleste, mais en se soumettant
« aux volontés de son Père, *sed qui facit*
« *voluntatem Patris mei, qui in cœlis,*

« *ipse intrabit in regnum cœlorum*
« (*Matth.*, VII, 21). » Il nous donne cette
« vertu comme la pierre de touche de la
« véritable sainteté, comme le moyen le
« plus sûr de lui plaire, comme le gage de
« tous les biens. Pouvait-il mieux nous dire
« jusqu'à quel point cette vertu lui est
« chère? Toutefois ses exemples ont encore
« plus d'énergie que ses paroles.

« 2° Sa vie au milieu des hommes n'a
« été qu'un acte continuel d'obéissance.
« Toujours il a obéi à son père; pendant
« trente ans, à Marie et à Joseph; dans sa
« Passion, à ses juges iniques et à ses
« bourreaux eux-mêmes.

« *a)* Dès son entrée dans le monde,
« *ingrediens mundum* (*Heb.*, X, 5). » Il
« a pris la volonté de son Père pour règle
« unique et invariable de la sienne. Il s'est
« soumis aux lois de la nature, pour de-
« meurer neuf mois dans le sein d'une
« mère; aux ordres de la Providence, pour
« naître au milieu des embarras et des
« incommodités d'un voyage, dans l'étable
« de Bethléem. Il s'est soumis à la circon-
« cision, à la présentation dans le temple,
« à l'exil en Egypte, aux faiblesses, à la
« dépendance du premier âge, à une vie

« obscure et en apparence inutile... Tout
« cela, parce que tel était le bon plaisir de
« son Père.

« Si, plus tard, il a paru en public, s'il a
« fait éclater sa sagesse par ses discours,
« sa puissance par ses miracles, sa bonté
« par des bienfaits multipliés, ce n'est que
« dans le temps et dans la mesure déter-
« minés par la volonté de son Père. Jus-
« que-là, il résiste à ceux qui le pressent
« de se montrer au monde, en répondant
« que son heure n'est pas venue. Il ren-
« ferme l'ardeur de son zéle dans les bornes
« de la Judée, parce que son Père ne l'a
« envoyé que vers les brebis égarées de la
« maison d'Israël, *non sum missus nisi*
« *ad oves quæ perierunt domûs Israël*
« (*Math.*, XV, 24). »

« Il porte l'obéissance jusqu'à la mort,
« et à la mort de la croix, *factus obediens*
« *usque ad mortem, mortem autem cru-*
« *cis* (*Philip.*, II, 8), » aimant mieux perdre
« la vie, dit saint Bernard, que de perdre
« l'obéissance, « *perdidit vitam, ne per-*
« *deret obedientiam* (S. BERN., *Epis-*
« *tol.* 42, *ad Henric. Senon.*). » S'il
« demande un instant que le calice amer
« s'éloigne de lui sans qu'il soit obligé de le

7

« boire, il l'accepte néanmoins, pour obéir à
« son Père et pour nous apprendre que des
« répugnances vaincues, loin de diminuer
« le prix d'un sacrifice, ne font que l'aug-
» menter et mettent dans un plus grand
« jour notre dévouement à la gloire du
« Seigneur. Avant de rendre le dernier
« soupir, il jette un regard sur les divins
« oracles et, voyant qu'il les a tous accom-
« plis, il dit que la mission est achevée,
« *consummatum est* (*Joan.*, XIX, 30). »
« Puis il fait un dernier acte d'obéissance,
« en inclinant doucement la tête, pour ren-
« dre librement le dernier soupir, *et incli-*
« *nato capitè tradidit spiritum* (*ibid*). »
« *b)* Quant à l'obéissance que Jésus rend
« à Marie et à Joseph, pendant les tren-
« te années de sa vie cachée, elle est plus
« admirable encore. Obéir, c'est s'avouer
« inférieur, c'est préférer la volonté d'un
« autre à la sienne. Or, quel est donc ce-
« lui qui, à Nazareth, se laisse gouverner
« comme un enfant? C'est le Verbe éternel,
« la raison souveraine, Celui qui donne
« aux sages ce qu'ils ont de sagesse. C'est
« le Maître de toutes choses, à qui tout
« doit obéir. — Et à qui obéit-il? à deux
« créatures, privilégiées sans doute, ornées

« même des dons les plus précieux, mais
« dont les lumières sont, cependant, moins
« comparables à ses propres lumières qu'un
« faible flambeau ne l'est au soleil. — Et
« comment, en quoi obéit-il? Avec quel
« aimable empressement, avec qu'elle joie
« il se conforme aux volontés de ses pa-
« rents, quelles que soient les choses qu'ils
« lui commandent! On voit que c'est son
« cœur qui obéit et qu'il fait par amour
« tout ce qu'il fait.

« *c)* Enfin, Jésus obéit même à des
« hommes pervers et à de grands pécheurs.
« Il se soumet à l'édit d'Auguste, qui obli-
« geait Marie au voyage de Nazareth à
« Bethléem et ne trouve pas une raison de
« s'en dispenser dans l'orgueil qui a ins-
« piré cet édit, parce qu'il remonte à Dieu,
« de qui émane tout pouvoir. Il se soumet
« à la sentence de Ponce-Pilate, quelque
« injuste qu'elle soit, reconnaissant en lui
« l'autorité du prince, malgré le sacrilège
« abus qu'il en fait. Il se soumet à ses bour-
« reaux, ne voyant dans tous ses ennemis
« que les ministres et les exécuteurs de la
« justice de son Père, qui l'a livré entre
« leurs mains, et il ne veut pas qu'ils
« l'ignorent : « vous n'auriez aucun pouvoir

« contre moi, leur dit-il, s'il ne vous avait
« été donné d'en haut, *non haberes potes-*
« *tatem adversum me ullam, nisi tibi*
« *datum esset desuper* (*Joan.*, XIX, 11). »
« Oh ! comment contempler ce Modèle sans
« aimer l'obéissance ! »

A ces témoignages et à ces exemples du
divin Sauveur, dont l'enseignement si substantiel suffirait amplement pour nous faire
comprendre le prix de l'obéissance, l'abbé
Goddard en ajoute une foule d'autres fournis par les saints et tous plus attrayants
les uns que les autres.

Parmi les témoignages, il cite, entre
autres, ces belles paroles de saint Bernard
(*lib. de Præc. et Disp.*, cap. 9), adressées
à ses frères de Clairvaux et portant sur les
motifs de l'obéissance : « Dieu a daigné
« égaler à lui en quelque sorte nos Supé-
« rieurs. Il prend pour lui le respect qu'on
« leur rend et le mépris qu'on en fait.
« C'est d'eux qu'il a dit : « qui vous
« écoute m'écoute, qui vous méprise me
« méprise ; » et la règle dit à son tour :
« l'obéissance rendue aux Supérieurs,
« c'est à Dieu même qu'on la rend. » Tout
« ce que l'homme, qui tient la place de
« Dieu, commande, à moins que cela ne

« soit manifestement opposé à la volonté
« de Dieu, doit être absolument reçu comme
« commandé par Dieu même. Qu'importe
« que ce soit par lui-même ou par ses minis-
« tres, par des anges ou par des hommes,
« que Dieu fasse connaître sa volonté!
« Nous devons obéir au Supérieur comme
« à Dieu. »

Il cite également ce mot hardi, mais
plein de sens qu'on attribue au B. Egidius,
un des premiers compagnons de saint
François d'Assise : « j'aime mieux obéir à
« un Supérieur pour l'amour de Dieu que
« d'obéir à Dieu même; car celui qui obéit
« au représentant de Jésus-Christ, à plus
« forte raison obéirait-il à Jésus-Christ lui-
« même, s'il lui commandait en personne.
« (MODESTE DE SAINT-AMABLE : *Le par-*
« *fait inférieur*, liv. II, ch. 1). »

Parmi les exemples, il cite heureusement
celui de la Bienheureuse Marguerite-Marie,
qui, au commencement de sa vie religieuse,
se laissait aller quelquefois à toute son
ardeur pour la perfection, sans que l'obéissance réglât ses ferventes pratiques. Voici
plutôt ce qu'elle raconte elle-même (Vie de
la Bienheureuse Marguerite-Marie, écrite
par elle-même; — vie et œuvres, t. II,
p. 324) :

« Quoique les yeux purs et clairvoyants
« de mon Epoux découvrent jusqu'aux
« moindres défauts de charité et d'humilité,
« pour les reprendre sévèrement, néan-
« moins rien n'est comparable aux man-
« quements d'obéissance, soit aux Supé-
« rieurs, soit aux règles, et la moindre
« observation avec signe de répugnance à
« l'égard des Supérieurs lui est insuppor-
« table dans une religieuse. « Tu te trom-
« pes, me disait-il, en croyant me plaire
« par ces sortes d'actes et de mortifica-
« tions, dont la propre volonté ayant fait
« choix, fait plutôt plier celle des Supé-
« rieurs que d'en démordre. Oh ! sache
« donc que je refuse tout cela comme des
« fruits corrompus par la propre volonté,
« laquelle m'est en horreur dans une âme
« qui m'est consacrée, et j'aimerais mieux
« qu'elle prît toutes ses petites commodités
« par obéissance que de s'accabler d'aus-
« térités et de jeûnes par sa propre vo-
« lonté. » Et, lorsqu'il m'arrive de faire
« par mon choix et sans son ordre ou celui
« de ma Supérieure, de ces sortes de mor-
« tifications et de pénitences, il ne me per-
« met pas même de les Lui offrir et m'en
« corrige en m'imposant une peine, de

« même que pour nos autres manquements,
« chacun trouve la sienne particulière dans
« le purgatoire. Un jour, comme je venais
« de finir un « *Ave Maris stella* » de disci-
« pline, que l'on m'avait donné, Il me dit :
« voici ma part ; » et comme je poursuivais :
« voilà celle du démon que tu fais main-
« tenant ; » ce qui me fit cesser bien vite.
« Et, un autre jour, pour les âmes du pur-
« gatoire, du moment que j'en voulus faire
« plus qu'il ne m'en était permis, elles
« m'environnèrent, en se plaignant de ce
« que je frappais sur elles. Cela m'inspira la
« résolution de mourir plutôt que d'outre-
« passer tant soit peu les limites de l'obéis-
« sance. »

Quelle leçon pour ces âmes du cloître,
qui, sous prétexte de ferveur et de générosité, veulent se conduire elles-mêmes dans
les voies de la perfection !

II. Ses fruits. — L'abbé Goddard a
aussi des pages magnifiqnes sur les fruits
que la religieuse retire de son obéissance,
soit sur la terre, soit dans le ciel.

« 1° Trois choses, dit-il, concourent prin-
« cipalement à former les saints : l'inno-
« cence dans laquelle ils vivent, les vertus

« qu'ils pratiquent, les grâces qu'ils reçoi-
« vent. Or il n'est pas de vertu comme
« l'obéissance pour exploiter ces trois sour-
« ces de sanctification.

« *a*) D'abord, l'obéissance détruit la cause
« première de tout péché, c'est-à-dire la
« volonté propre. Pourquoi pèche-t-on, si
« ce n'est en voulant ce que Dieu ne veut
« pas, ou en ne voulant pas ce que Dieu
« veut? C'est pourquoi saint Bernard disait:
« ôtez la volonté propre et il n'y aura plus
« d'enfer. » Et dans une autre circonstance :
« Oh! qui me donnera cent chefs au lieu
« d'un seul! je n'y verrais pas une gêne,
« mais un secours. Plus je dépendrai d'au-
« trui, moins je serai responsable de moi-
« même. » « Il en est des Supérieurs com-
« me d'une clôture; leur autorité n'est pas
« une prison qui nous captive, mais un
« rempart qui nous protège. » Il y a plus
« de sûreté à obéir qu'à commander, *longe*
« *tutius esse regi quam regere, parere*
« *quam imperare*. C'était une maxime de
« saint François-Xavier. On pèche souvent
« en exerçant l'autorité, jamais en s'y sou-
« mettant pour Dieu. Au tribunal du Sou-
« verain Juge, il n'y aura point d'excuse
« plus valable que celle-ci : Seigneur, vous

« m'aviez dit que vous étiez dans la per-
« sonne de mes supérieurs et qu'en les
« écoutant, c'était vous que j'écoutais :
« j'aurais craint de vous déplaire par la
« moindre résistance à leurs désirs. »

« Oh! quels fonds de tranquillité pour
« la religieuse obéissant dans cette pensée :
« je suis où Dieu me veut, je fais ce qu'Il
« veut! C'est lui-même qui a choisi pour
« moi la fonction qui m'est confiée, et il
« l'a choisie non seulement dans l'intérêt
« de sa gloire, mais aussi de mon bonheur.
« C'est donc cette fonction qu'il lui est
« agréable que j'exerce et non pas une autre.

« b) L'obéissance, entraînant l'orgueil
« et mettant l'âme dans une parfaite dis-
« position d'humilité, la prépare ainsi à
« toutes les vertus. « Elle en est la mère
« et la gardienne, *mater et custos om-*
« *nium virtutum,* comme dit saint Augus-
« tin (lib. 14, *De Civ. Dei*). » « Elle en
« est l'abrégé et les renferme toutes, car
« elle conduit au Seigneur par le chemin
« le plus direct : *in obedientia summa*
« *virtutum clausa est, nam simplici*
« *gressu hominem ducit ad Christum*
« (S. HIÉR., *in Reg. mon.*). » Elle en est
« la perfection; c'est d'elle, comme de la

« charité, qu'elles reçoivent tout leur mé-
« rite. » De quel prix seraient mes jeûnes,
« si je n'y cherchais que la satisfaction de
« ma volonté, *ecce in die jejunii vestri*
« *invenitur volontas vestra (Is.,* LVIII,
« 3)? » La charité elle-même ne se confond-
« elle pas avec l'obéissance, puisque Notre
« Seigneur a dit : « Si vous m'aimez véri-
« tablement, accomplissez mes commande-
« ments, *si diligitis me, mandata mea*
« *servate (Joan.,* XIV, 15)? »

« *c)* Enfin, ce qui achève de rendre
« l'obéissance un moyen de sanctification
« si efficace, c'est qu'elle exerce une sorte
« d'empire sur le Tout-Puissant lui-même,
« obtenant de lui tout ce qu'elle demande.
« Une seule prière d'une âme obéissante,
« dit saint Augustin *(De oper. monach.),*
« est plus vite exaucée que dix mille prières
« d'une autre qui n'a pas l'esprit de sou-
« mission. » Oui, la libéralité de l'homme
« obéissant provoque la vôtre, ô mon Dieu!
« Il vous donne ce qu'il a de plus cher :
« que pourriez-vous lui refuser? « Ah! si
« vous faites la volonté de ceux qui vous
« craignent, *voluntatem timentium se*
« *faciet (Ps.* CXLIV, 19), à combien plus
« forte raison n'exaucez-vous pas les vœux

« de celui qui vous aime ! Il faut donc
« conclure avec saint Augustin qu'il n'y a
« rien de si avantageux à l'âme que d'obéir :
« *nihil tam expedit animæ quam obe-*
« *dire (in psalm. LXX, com. 2).* »
« 2° Mais les fruits de l'obéissance sur la
« terre ne sont pas comparables aux fruits
« de cette vertu dans le ciel, pas plus que
« cette vallée de larmes n'est comparable
« au séjour des élus, pas plus que les peines
« du chrétien sanctifiées par la grâce ne
« sont comparables à la récompense qui
« l'attend après sa mort ; car, les Docteurs
« de l'Eglise, comme les anciens Pères du
« désert, affirment que le religieux fervent,
« qui ne cesse d'immoler sa volonté propre
« à la volonté de Dieu par l'obéissance est
« un vrai martyr. Quelques-uns vont même
« plus loin, en donnant la préférence à ce
« religieux sur le martyr, qui a versé son
« sang pour Notre Seigneur Jésus-Christ.
« Tels sont saint Antoine, saint Jean
« Climaque, saint Paphnuce, saint Jérôme,
« saint Augustin, saint Bernard, Thomas
« à Kempis, Rodriguez, sainte Thérèse et
« saint François de Sales. Il est vrai qu'ils
« disent avec saint Bernard, que « c'est la
« vie commune qui est un martyre, *vita*

« *communis martyrium,* » et non pas
« précisément l'obéissance dans la vie com-
« mune. Mais il est vrai aussi que c'est
« bien à l'obéissance qu'ils attribuent la
« principale part de ce martyre. Jamais,
« en effet, les contradictions provenant de
« la différence des tempéraments, des ca-
« ractères, de l'éducation première, des
« goûts, de l'âge, du pays et des autres
« circonstances ne feront souffrir la nature
« comme celles que produit l'obéissance
« religieuse, qui doit toujours être simple,
« humble, indifférente, universelle, atten-
« tive, prompte, entière, joyeuse, patiente,
« filiale. Peut-on porter plus loin le sacri-
« fice pour la gloire de Dieu, quand, après
« lui avoir immolé ses biens, comme saint
« Antoine du désert, sa liberté, comme
« saint Vincent de Paul, on lui immole
« encore sa propre volonté! Ecoutons plu-
« tôt ce qu'en dit Thomas-à-Kempis, dans
« son onzième discours à ses novices. Pre-
« nant pour texte ces paroles du psaume
« 43ᵉ : « Oui! Seigneur, chaque jour, nous
« sommes, par amour pour vous, livrés à
« la mort, et nous sommes considérés
« comme des brebis qu'on mène au sacri-
« fice, *quoniam propter te, mortifica-*

« *mur tota die, æstimati sumus sicut*
« *oves occisionis,* » il s'exprime ainsi :
« Remarquez bien, Frères bien-aimés, les
« paroles qui viennent de frapper vos
« oreilles. Quoique prononcées par le pro-
« phète Psalmiste longtemps avant votre
« naissance, elles n'ont pas moins pour
« but de vous donner aujourd'hui la plus
« salutaire des instructions. »

« O Frères bien-aimés, qui vivez dans la
« religion sous le régime de l'obéissance,
« si vous accomplissez vos vœux avec
« fidélité, vous êtes des martyrs, ou du
« moins vous pouvez le devenir chaque
« jour par la souffrance. Autant de fois
« que vous livrez pour Jésus-Christ vos
« membres aux travaux quotidiens, autant
« de fois des couronnes nouvelles vous
« sont acquises pour prix du combat. Et
« si, dépouillés de toute volonté propre,
« vous résistez fortement à votre mouve-
« ment naturel, vous recevrez de Dieu une
« grande consolation intérieure. »

« Un religieux vivant sous le joug de
« l'obéissance, résolu à briser sa volonté et
« appliqué à suivre avec humilité le bon
« plaisir de son supérieur, devient spiri-
« tuellement un vrai martyr, quoique le

« glaive ne fasse pas tomber sa tête. Et
« quiconque se mortifie tous les jours, en
« pratiquant l'obéissance avec simplicité
« de cœur, celui-là imite l'exemple d'Abra-
« ham, qui ne fit pas difficulté de lier,
« d'immoler et d'offrir en holocauste Isaac,
« son fils unique. »

« Nous lisons aussi des saints martyrs
« qu'ils sont arrivés à travers différentes
« sortes de tourments au royaume des
« cieux. Ils n'avaient pas même à leur choix
« le genre de mort ou de supplice qu'il leur
« fallait subir; mais, pleins d'une entière
« résignation aux vues de la divine Provi-
« dence, ils s'offraient corps et âme à leur
« Créateur, prêts à endurer toutes les tor-
« tures. Ainsi, quand l'un d'entre vous
« entend sortir de la bouche de son supé-
« rieur un commandement contraire à sa
« volonté propre et se montre néanmoins
« prêt à obéir, du moment qu'il s'efforce
« de se faire violence à lui-même et qu'il
« étouffe les murmures qui voudraient s'en
« échapper, il immole à Dieu sur l'autel
« de son propre cœur une victime qui lui
« est agréable. Vainqueur de lui-même, il
« triomple glorieusement de l'ennemi, à la
« manière des martyrs... »

« Un frère vertueux et obéissant doit
« donc penser que son corps n'est pas en
« sa puissance, mais en celle du supérieur
« auquel il s'est soumis librement pour
« l'amour de Dieu, avec promesse de sui-
« vre en tout, dans ses démarches et dans
« ses œuvres, ce qu'il ordonnera pour le
« bien de son âme. Il obtiendra par ce
« moyen, avec les martyrs, la palme de la
« patience et la couronne de la vie éternelle,
« par la grâce de Jésus-Christ, Notre Sei-
« gneur, qui règne dans les siècles des
« siècles. Ainsi soit-il.

« Ecoutons aussi ces belles paroles de
« saint François de Sales aux premières
« religieuses de la Visitation (tirées de
« l'*Histoire de la Galerie*) :

« Mes très chères filles, je souhaite que
« vous soyez des filles mortifiées et que
« vous viviez jour et nuit dans un esprit
« de sacrifice intérieur et d'abandon par-
« fait à la volonté de Dieu, ce qui vous
« tiendra lieu de disciplines, de jeûnes et
« de cilices.

« Les martyrs buvaient le calice sacré
« de la Passion tout d'un coup, les uns en
« une heure, les autres en deux ou trois
« jours, d'autres en un mois. Quant à nous

« autres, nous pouvons être martyrs et
« boire ce calice, non en deux ou trois
« jours, mais durant tout le cours de notre
« vie, nous mortifiant continuellement,
« comme doivent faire tous les Religieux
« et Religieuses que Dieu a appelés en la
« religion, pour porter sa croix et être
« crucifiés avec Lui. Hé! n'est-ce pas un
« grand martyre de ne jamais faire sa vo-
« lonté propre, de soumettre continuelle-
« ment son jugement, d'écorcher son cœur,
« de le vider de toutes sortes d'affections
« impures et de tout ce qui n'est point
« Dieu, de ne point vivre selon ses incli-
« nations, mais selon la raison et selon la
« volonté divine? C'est là un martyre d'au-
« tant plus excellent qu'il est fort long
« et qu'il doit durer toute notre vie. Mais,
« si nous persévérons avec fidélité, nous
« obtiendrons, à la fin d'icelle, une belle
« couronne, après nous être crucifiés avec
« Notre Seigneur. »

Son ministère auprès des Elèves du Pensionnat.

Au sujet des Elèves du Pensionnat du
Sacré-Cœur, nous aurions beaucoup plus

de choses à raconter sur M. l'abbé Goddard ; car, outre les exposés sommaires
qu'il a écrits pour leur instruction religieuse, nous avons une tradition vivante
qui parlera longtemps encore de la peine
qu'il se donnait, pour leur faire connaître et
aimer la vraie doctrine de Notre Seigneur
Jésus-Christ.

Ces nombreuses générations d'enfants,
auxquelles il a rompu, durant 44 ans, le
pain sacré de la parole divine, sous forme
de petit catéchisme, de grand catéchisme,
de cours supérieur de Religion, et qu'il a si
sagement initiées d'une manière progressive aux vertus chrétiennes, ne se croyaient
pas tenues au silence, comme leurs maîtresses ; une fois rentrées dans le monde,
elles ont toujours aimé à revenir sur les
leçons si intéressantes de celui qu'elles
appellent toujours leur bon, leur saint
aumônier Goddard. Elles se sont toujours
félicitées d'avoir fait leur éducation sous
la conduite de cet homme de Dieu. Or,
comment tant de personnes, dispersées dans
des conditions si diverses, et, quelquefois,
si peu favorables à la pratique des devoirs
de piété, auraient-elles conservé un si profond souvenir de leurs principes de religion,

sans les soins les plus intelligents et les
plus assidus donnés à leur instruction sur
cette matière !

Au surplus, semblables aux pauvres femmes de Joppé, dont il est parlé aux *Actes
des Apôtres* (IX, 39) et qui s'empressaient
de montrer à saint Pierre les tuniques et
les manteaux que la charité de Dorcas leur
avait fournis, elles sont heureuses de rappeler, à qui les interroge sur l'abbé Goddard,
les mille industries de son zèle, à l'égard
de son jeune auditoire du Catéchisme, pour
captiver son attention et faire entrer dans
son esprit les vérités les plus sublimes.

Ainsi, suivant l'une d'elles, l'abbé Goddard ne présentait presque pas de vertu
qui ne fût, pour ainsi dire, suspendue à un
trait piquant, à une comparaison ingénieuse. Nous rapportons ici la joyeuse histoire qu'elle avait, un jour, entendue de
sa bouche et qui lui était toujours restée
agréablement gravée dans la mémoire :

Une jeune enfant, légèrement étourdie,
mais d'un cœur excellent, était en pension.
Elle avait une charmante qualité, elle était
fort charitable ; et, si elle aimait bien les
bonbons, elle aimait encore mieux les pauvres. Ce qui explique comment sa bourse

était souvent vide. Or, un jour, on lui avait recommandé une pauvre femme chargée d'enfants, et elle avait le regret de ne rien pouvoir lui donner. Bientôt sa mère vient à la pension et lui apporte une boîte de bonbons. L'enfant s'informe adroitement du prix de la boîte et de ce qu'elle contient. Puis elle ajoute : Petite mère, oh! si vous vouliez me faire un plaisir... ce serait de racheter la boîte... Je vous la vends, petite mère. — Quelle idée!... Mais que feras-tu de l'argent? — Je le donnerai à une pauvre femme. — Mais comment faire? je ne puis pas remporter la boîte. — Oh! je vous en prie...! et elle l'embrassa comme une enfant fort désireuse d'être exaucée.

Le pauvre cœur maternel se laissa toucher, et la boîte fut remportée. A son retour, elle raconte tout à son mari, riche négociant. — Comment, s'écria-t-il, vous avez eu le courage de rapporter cette boîte!... Vous n'avez pas su récompenser une si belle action!... Laissez-moi la lui reporter.

Il part comme un trait, tout enchanté, et félicite son enfant. Celle-ci bondit de joie, embrasse son père une demi-douzaine de fois, l'appelle : « Petit père de mon cœur »

et s'écrie : « Oh! que je suis contente! »
— « Tu es contente, mon enfant? ça me
fait plaisir. » — Et elle de balbutier à
demi-voix ces mots : « Pourtant si vous
vouliez... mais je n'ose pas vous le dire... »
— « Quoi donc! mon enfant; il ne faut pas
craindre de parler. » — « Ah! mais... si
vous vouliez, vous aussi, racheter la boîte,
je serais encore bien plus contente. » —
« Oh! cette fois-ci, mon enfant, tu es dé-
raisonnable. » — « Mais, petit père, c'est
pour une femme qui n'a pas de pain, aujour-
d'hui, pour ses petits enfants. »

Le petit père s'exécuta, donna les cinq
francs et regagna son domicile avec la boîte.
Mais à peine avait-il fait quelques pas qu'il
se dit : « Suis-je assez sot! qu'est-ce que
ma femme va dire, quand elle me verra
revenir avec cette boîte, moi qui l'ai gron-
dée...? » Il se hâte donc de retourner à la
pension et rend la boîte à son excellente
enfant, qui méritait bien d'avoir dix francs
pour ses pauvres et des bonbons pour elle.

Voilà comment l'abbé Goddard savait
inspirer l'amour de la vertu de charité.

Une autre ancienne élève du Sacré-Cœur,
qui a été une des premières à recevoir son
enseignement religieux, a eu soin d'en noter

la substance, comme plusieurs de ses compagnes, et a bien voulu nous communiquer son travail. Nous voudrions, à notre tour, pouvoir le communiquer à tous nos lecteurs. Ce serait le meilleur moyen, pour eux, d'apprécier la manière admirable dont l'abbé Goddard s'acquittait de son importante mission auprès des enfants. La citation suivante en donnera une idée :

Soyons toujours en état de grâce ; car la grâce de Dieu est le plus précieux de tous les trésors. Cette grâce sanctifiante ou habituelle est, en effet, un don surnaturel, par lequel le chrétien devient ami de Dieu, son enfant adoptif, frère de Notre Seigneur Jésus-Christ et héritier du paradis. Ce don est le plus grand que Dieu puisse faire à sa créature ; c'est par lui que les hommes sont saints sur la terre et assurés du ciel, sans en excepter la Reine des saints, la Sainte Vierge Marie. Toutes les âmes exemptes de péché grave le possèdent et, si elles meurent sans l'avoir perdu, elles sont infailliblement sauvées. Elles peuvent aussi l'augmenter par l'usage des sacrements, par la prière, par les bonnes œuvres faites en vue de plaire à Dieu et par la pratique des vertus chrétiennes.

Les bonnes œuvres faites en état de grâce et en vue de plaire à Dieu s'appellent *œuvres vivantes,* parce qu'elles sont animées par l'Esprit-Saint, qui est la vie de l'âme, et qu'elles sont dignes de la vie éternelle ; mais les œuvres faites en état de péché mortel s'appellent des *œuvres mortes,* n'ayant aucune valeur pour l'éternité : « Comme le sarment, dit Notre Seigneur, ne saurait porter de fruit, s'il ne demeure uni au cep, il en est de même de vous, si vous ne demeurez en moi par la charité, *sicut palmes non potest ferre fructum a semetipso, nisi manserit in vite, sic nec vos, nisi in me manseritis (Joan.,* XV, 4). » « Quand j'aurais une foi à transporter les montagnes, dit aussi le Docteur des nations, quand je livrerais mon corps aux flammes jusqu'à en être consumé, si je n'ai pas l'amitié de Dieu, tout cela ne me sert de rien pour l'éternité, *et si habuero omnem fidem, ita ut montes transferam et si tradidero corpus meum ita ut ardeam, charitatem autem non habuero, nihil mihi prodest (I Cor.,* XIII, 2, 3). » Semblable à un arbre qu'un ouragan a renversé et qui, arraché au sol où il puisait sa sève, ne peut plus porter ni fleurs, ni fruits, l'âme pécheresse est incapable de produire des fruits de salut qui soient méritoires pour le ciel. Ni ses prières, ni ses aumônes, ni ses bonnes œuvres ne lui donnent aucun droit au céleste héritage. Vérité accablante pour ces chrétiens, qui, pendant de longues années, restent éloignés de Dieu ! Qu'il est doux, au contraire, de pouvoir se dire : Je suis un autre Jésus-Christ, par le mérite que je donne à toutes mes œuvres, à toutes mes paroles, à toutes mes affections, à toutes mes pensées !

Mais sa grande préoccupation de chaque année était la préparation des enfants à leur première Communion. On aurait dit qu'il n'en avait pas d'autre. Pas de mère plus attentive ni plus habile à mettre son enseignement à la portée de leurs jeunes et candides intelligences, pas de plus patiente à supporter leurs distractions, pas de plus dévouée pour leur faire aimer la prière et toutes les vertus. C'était le divin Maître disant à son entourage : « Laissez donc venir à moi les petits enfants, *sinite parvulos venire ad me (Marc., X, 14)*. »

Leur démontrer, surtout, la divine institution des sacrements de Pénitence et d'Eucharistie ; leur en expliquer la nature, les qualités, les effets, c'était pour lui une entreprise de la plus haute importance; il savait trop l'influence du « grand jour » sur toute la vie. Aussi n'admettait-il jamais personne au céleste banquet, sans être sûr de ses dispositions. Du reste, il n'eut jamais à se repentir de cette sévérité inexorable. Les enfants elles-mêmes, qui, tout d'abord, avaient souffert avec peine leur ajournement, étaient les premières à reconnaître plus tard que tout avait été fait pour leur plus grand bien.

A cette occasion et sur le conseil de leur vénéré Aumônier, toutes ou presque toutes remplissaient un calepin plus ou moins volumineux de notes sur les points de la doctrine chrétienne qui les avaient spécialement impressionnées, sur leurs pratiques de piété de chaque jour, de chaque semaine, de chaque mois, de chaque année. C'est grâce à tous ces procédés, dictés par sa sollicitude paternelle, que les Elèves du Sacré-Cœur ont gardé généralement dans le monde l'esprit religieux qui déjà les distinguait au Pensionnat.

Nous nous faisons encore un plaisir de citer ici la rédaction suivante de l'une d'elles sur la sainte Communion :

1° *Pourquoi le divin Sauveur a-t-il institué la sainte Eucharistie?*

Dieu est infiniment bon; car « Il est la bonté même, *Deus charitas est* (*I Joan.*, IV, 16). » Il aime tous les hommes d'un amour incomparable et « Il veut que tous soient sauvés, puisqu'Il est mort pour tous sans exception, *omnes homines vult salvos fieri... qui dedit redemptionem semetipsum pro omnibus* (*I Tim.*, II, 4, 6). » « Mais, s'Il les aime, dit saint Bernard, c'est qu'Il veut aussi en être aimé. » C'est pourquoi l'apôtre saint Jean nous le représente frappant toujours à la porte de notre cœur, « *ecce sto ad ostium et pulso* (*Apoc.*, III, 20) » et nous poursuivant sans cesse par ce cri d'amour paternel : « Mon fils, donne-moi ton cœur, *præbe, fili mi, cor tuum mihi* (*Prov.* XXIII, 26). » Aussi, que fit-il avant de communiquer à saint Pierre les hautes prérogatives qui devaient faire de lui le chef suprême de l'Eglise? Il ne s'enquit que d'une chose; il voulut savoir si saint Pierre l'aimait, « *Simon Joannis, diligis me* (*Joan.*, XXI, 16)? » C'est la seule garantie qu'Il demanda pour réaliser ses desseins sur lui.

C'est donc pour parvenir à se faire aimer

des hommes que le Verbe incarné, avant
de remonter au ciel, se dit à Lui-même :
Je sais que la passion la plus ardente et la
plus universelle parmi les hommes, c'est
de vivre toujours, je vais leur en donner
le secret. De plus, comme toutes les amitiés sont fondées sur quelque union, je vais
les unir à moi de la manière la plus intime : j'espère que par ces deux moyens
j'obtiendrai leur cœur.

D'abord, pour se rendre immortels, ils
n'auront qu'à manger un pain que je leur
donnerai, pain dont la manne n'était que
la figure et qui remplace pour eux l'arbre
de vie planté au milieu du Paradis terrestre.

« C'est un pain descendu du ciel, *hic
est panis de cœlo descendens* (*Joan.*, VI,
52), » et j'affirme que « quiconque en man-
gera vivra éternellement, *si quis manducaverit ex hoc pane vivet in æternum*
(*Jaon.*, VI, 52). » « Et de même que moi,
je vis par mon Père, de même aussi celui
qui me mange vivra par moi, *sicut... ego
vivo propter Patrem, et qui manducat
me et ipse vivet propter me* (*Joan.*, VI,
58). »

Et, une remarque faite par saint Jean

Chrysostome, c'est que, toutes les fois que le Sauveur parle de ce mystère, il nous promet, en effet, de nous donner la vie. C'est ce qui lui faisait dire aussi « qu'il était venu pour que les hommes eussent une vie pleine, abondante, parfaite, *ego veni ut vitam habeant et abundantius habeant* (*Joan.*, X, 10). »

C'est encore pour gagner notre cœur que le Verbe incarné a daigné s'unir à nous par la sainte Communion ; car toutes les amitiés, dit saint Thomas, sont fondées sur quelque union, et plus une union est étroite plus l'amitié est grande. Ainsi, le père aime son fils, le fils aime son père, parce que c'est le même sang qui coule dans les veines de l'un et de l'autre. Les trois personnes de l'adorable Trinité s'entr'aiment infiniment, parce qu'elles n'ont qu'une même nature, source de leur amitié réciproque. Or, que fait la sainte Eucharistie dans celui qui la reçoit ? N'établit-elle pas une union réelle de corps et d'esprit entre le divin Sauveur et lui ? Quelle autre signification pourraient avoir ces paroles du divin Sauveur : « Celui qui mange ma chair et qui boit mon sang demeure en moi et moi en lui, *qui manducat meam*

carnem et bibit meum sanguinem in
me manet et ego in illo (Joan., VI, 57)? »

Pour comprendre la première de ces
deux unions, c'est-à-dire l'union du corps,
distinguons en Jésus-Christ un corps naturel et un corps mystique. Il s'est revêtu
de corps naturel dans le sein de Marie;
tous les fidèles forment son corps mystique,
et par la digne réception de son corps naturel dans l'Eucharistie nous devenons les
membres de son corps mystique de la manière la plus excellente. « Il faut, dit saint
Jean Chrysostôme, que nous apprenions
les merveilles cachées dans ce divin mystère, par lequel nous sommes unis de corps
avec Notre Seigneur et nous devenons ses
membres, la chair de sa chair, l'os de ses
os... Voulant nous témoigner son amour,
il se confond avec nous par le moyen de
son corps, pour ne faire avec nous qu'un
seul tout du chef et de ses membres, *ut*
unum quid sumus tanquam corpus
capiti coaptatum (Hom. 61, *ad pop.*
Antioch.). »

Mais la sainte Eucharistie n'établit pas
seulement une union réelle de corps entre
le divin Sauveur et celui qui la reçoit, elle
établit aussi entre eux une union non moins

réelle d'esprit. Et cette union de l'esprit est même une suite nécessaire de l'union du corps ; car, du moment que nous ne sommes plus qu'un même corps avec le Fils de Dieu, n'est-il pas évident que nous devons être animés de son esprit, c'est-à-dire de l'Esprit-Saint ?

« La communication du Saint-Esprit, » dit saint Cyrille d'Alexandrie, « a commencé par le Verbe incarné, et Notre Seigneur Jésus-Christ est comme le canal par lequel, en recevant la participation du Saint-Esprit, nous sommes unis à Dieu et sanctifiés (lib. II, *in Joan.*, c. 12). » Or, c'est particulièrement par la communion que Jésus fait régner le divin Esprit dans nos cœurs, et saint Thomas d'Aquin compte cette faveur parmi les principaux effets du sacrement. « Ainsi, poursuit saint Cyrille, le Sauveur nous unit à Lui de deux manières, corporellement comme homme, spirituellement comme Dieu. Comme homme, il nous unit à son corps ; comme Dieu, il nous élève à une vie plus excellente et nous associe à la nature divine par la grâce et par la vertu de son esprit. Jésus uni à nous comme homme et uni naturellement à son Père comme Dieu est donc le nœud

de notre union avec Dieu le Père (S. Cy-
rill., *ibid,* c. 27). »

Saint Augustin développe admirablement cette vérité : « Voulez-vous, dit-il,
vivre de l'esprit de Jésus-Christ? faites
partie de son corps ; car il n'y a que le corps
de cet Homme-Dieu qui vive de son esprit...
Or, selon saint Paul, tous ceux qui mangent
le pain céleste ne font plus qu'un même
corps avec Jésus-Christ... O lien de charité! Celui qui veut vivre de cette vie sainte
et divine sait, maintenant, où il doit la
puiser. Qu'il s'approche de la Table sainte
avec une foi vive, qu'il s'incorpore à Jésus-
Christ, il vivra de sa vie, *o vinculum
charitatis! Qui vult vivere, habet ut
vivat... Accedat, credat, incorporetur
et vivificetur* (tract. 26, *in Joan.*). »

*2° Quel moyen prendre, pour aimer
Notre Seigneur Jésus-Christ comme Il
mérite d'être aimé?*

Ce moyen n'est autre que de faire la
sainte Communion. Et voici pourquoi : la
ressemblance produit l'amour, et elle est
même une des principales causes de l'a-
mour. Qu'est-ce que la sympathie, qui lie
si doucement et si fortement les cœurs, si
ce n'est une plus ou moins grande confor-

mité d'inclinations? Et, si Dieu nous a créés à son image, n'est-ce pas pour nous faciliter l'obéissance au commandement qu'il nous a fait de l'aimer! Comme, également, si en formant Eve il l'a rendue semblable à Adam, n'est-ce pas parce qu'elle devait être son épouse et qu'il voulait établir entre eux un amour aussi tendre que durable? Et pourquoi l'amour mutuel du Père éternel et de son Fils unique est-il le modèle du plus parfait amour, si ce n'est parce que le Verbe est l'image substantielle de son Père, le miroir sans tache de toutes ses infinies perfections? Et c'est ainsi que, dans le ciel, notre charité pour Dieu aura sa dernière consommation, parce que, dans le ciel, « nous serons transformés en Dieu, *similes ei erimus (I Joan.,* III, 2). »

Si donc nous voulons aimer parfaitement Notre Seigneur Jésus-Christ, il faut que nous lui devenions semblables.

Or, selon saint Thomas d'Aquin, pour que nous lui devenions semblables, il faut que nous fassions un saint usage de l'Eucharistie ; car, « un des plus grands biens de la sainte Communion, dit ce grand Docteur, c'est de nous transformsr en la ressemblance de l'image de Dieu, qui est son Fils (*Opusc.* LVIII, c. 15). »

Écoutons le beau rapprochement qu'un commentateur fait à ce sujet (RUPERT, lib. III, *in Exod.*). « Le démon, dit-il, tenta nos premiers parents, en leur disant : Mangez de ce fruit et vous serez comme des dieux. Ils le crurent de préférence à Dieu lui-même, qui les avait menacés de mort, s'ils en goûtaient. Jésus, à son tour, nous tente saintement et nous dit : Mangez ma chair, buvez mon sang, et vous deviendrez des dieux. Croyons-le sur sa parole, sans écouter le témoignage de nos sens, et, par une sage crédulité, réparons l'imprudente crédulité d'Eve et d'Adam. »

Ce pain sacré est, en effet, bien différent du pain ordinaire que nous mangeons; car nous ne le changerons pas en notre substance, c'est lui qui nous change en la sienne.

Mais, comment, en usant saintement de l'Eucharistie, devenons-nous semblables à Notre Seigneur Jésus-Christ?

Pour répondre à cette question, il faut admettre, avant tout, qu'on peut ressembler à quelqu'un de trois manières : dans son extérieur, quand on a la même taille, la même figure, les mêmes traits de visage ; dans sa nature, quand on a les mêmes qualités, les mêmes inclinations naturelles ; dans ses actions, quand on agit par les mêmes principes et pour la même fin.

Or, le saint usage de l'Eucharistie nous donne avec Notre Seigneur ces trois diverses ressemblances.

D'abord, « quand nous communions, dit saint Thomas, Jésus-Christ applique son corps comme un cachet sur nos sens..., non pour être changé en nous, mais pour nous transformer en lui, en imprimant dans nos âmes l'image de ses perfections (*Opusc.* LVIII, c. 20). » Et, par cette impression, il nous communique une beauté toute divine. « Le sang que nous buvons dans la coupe sacrée, dit saint Jean Chrysostome, fait briller en nous l'image de Jésus-Christ ; il donne à notre âme un éclat et une noblesse incomparables. De même que celui qui tremperait sa main dans l'or fondu la retirerait toute dorée, de même aussi l'âme plongée dans le sang du divin Sauveur devient aussi pure et aussi brillante que l'or qui a passé par le creuset. » Le saint Docteur ajoute que, lorsqu'il communie, le chrétien se revêt du manteau royal de Jésus-Christ et de Jésus-Christ lui-même.

Puis, quand il se donne à nous par la communion, le Fils de Dieu se borne-t-il à retracer dans notre âme l'image de sa beauté? Non, il lui communique aussi sa bonté, ses inclinations, ses vertus; car, par l'effet de ce sacrement, la pratique de l'humilité, de la patience, de la mortification..., toute opposée qu'elle soit à nos penchants, nous devient non seulement possible, mais aisée. Et, comme une goutte d'eau, jetée dans un grand vase plein de vin, s'y perd et s'y confond jusqu'à n'être plus distinguée du vin, tant elle lui devient semblable, ainsi, continue saint Thomas, notre âme unie à Jésus-Christ prend si bien ses inclinations et ses goûts qu'elle paraît toute changée en Lui.

C'est là un effet tellement propre à la communion que saint Laurent Justinien en tire une preuve de la présence réelle. « Si le corps du Fils de Dieu n'était pas dans l'Eucharistie, comment un peu de pain et de vin pourrait-il opérer tant de miracles? D'où viendrait cette force dans le corps et dans l'âme, ce renouvellement de l'homme intérieur, cette ferveur de la

charité, cette abondance de paix, cet amour
des biens éternels? Par le saint usage de
ce sacrement, les haines cessent, les dis-
sensions s'apaisent, la chasteté est aimée,
la terre est méprisée, l'homme devient tout
autre, non par nature, mais par grâce. Il
modère sa langue, il aime le silence, il
s'applique à l'oraison, il conserve l'union
fraternelle..., il s'étudie à faire tout ce
qu'il sait être agréable à Dieu. D'où viennent ces progrès spirituels sinon de la
bonté du Saint-Esprit et de l'aimable présence de Jésus dans nos cœurs (*Sermo de
Euchar.*). »

Et quand, enfin, nous portons en nous
l'image de Jésus-Christ et que ses saintes
inclinations sont devenues les nôtres, n'est-
il pas tout naturel que nous suivions ses
exemples, dernier trait de ressemblance
que nous donne avec Lui la communion
bien faite? C'est ce que saint Thomas
explique encore par une comparaison.
« C'est le propre du rejeton d'un bon arbre,
dit-il, quand il est enté sur un sauvageon,
d'en corriger la nature, de lui communiquer ses qualités, afin qu'il porte de bons
fruits semblables aux siens. Ainsi le corps
de Jésus-Christ, étant, pour ainsi dire, enté

en nous, corrige nos défauts, nous donne ses vertus et nous fait produire des fruits de justice, semblables à ceux qu'il produit Lui-même... Saint Paul ne disait-il pas : « Je vis, mais ce n'est pas moi qui vis, c'est le Christ Jésus qui vit en moi, *vivo autem, jam non ego, vivit vero in me Christus* (*Gal.*, II, 20)? » Et saint Denys ne donne-t-il pas le nom de *greffe* spirituelle à l'union que l'âme contracte avec Jésus-Christ par le Saint-Sacrement : « *Insitio spiritalis* (*De hier. eccl.*, c. 3)! »

Voilà comment par la sainte Eucharistie le Fils de Dieu retrace en nous son image, nous inspire ses inclinations et nous fait agir comme Lui, quand nous le recevons avec des dispositions convenables.

Donc, si la ressemblance produit l'amour, pouvait-il prendre un moyen plus efficace pour nous porter à l'aimer parfaitement et pour se porter Lui-même à nous aimer?

Son ministère auprès des Sourdes-Muettes.

Parmi les infortunés de ce monde, il faut compter cette classe d'hommes, qui, par une de ces lois mystérieuses dont le secret nous échappe, se trouvent privés, dès leur naissance, d'une partie intégrante de l'organisme humain. Tandis que nous, nous trouvons à côté même de notre berceau une parole qui vient délier notre langue et, en déliant notre langue, réveiller notre âme assoupie jusqu'alors dans le sommeil des sens, les enfants dont nous parlons ne jouissent pas de ce bienfait: Le son initiateur n'arrive pas jusqu'à eux, ou du moins, s'il arrive jusqu'à eux, il va mourir sans effet contre un nerf ingrat. Spectateurs muets d'actes et de choses dont la parole ne leur donne pas le sens, ils vivent de cette vie ténébreuse, qui s'agite entre la nuit de l'instinct et le demi-jour de la raison. Exilés dans leur propre patrie, étrangers parmi les leurs, ils arrivent au terme d'une existence isolée sans avoir jamais tressailli au son d'une voix humaine, sans avoir jamais pu échanger avec leurs semblables une parole d'amour et de fraternité, sans avoir jamais entendu le nom d'une mère.

Tel est le sourd-muet. Son sort est bien triste; car, s'il est une chose dont la nature humaine puisse se glorifier comme d'un privilège qui lui est propre, c'est, sans contredit, le don de la parole. C'est par ce don que l'homme règne dans l'univers et que s'opère ce rayonnement des esprits et cette communion des cœurs, qui, à des degrés divers, constituent la famille, l'Etat, l'Eglise, ces trois sphères concentriques où se meut toute la nature humaine. Eteignez sur ses lèvres ce signe sensible de la vérité, ôtez ce sacrement de l'idée qui transmet d'une âme à l'autre la vie intellectuelle, le fil de la tradition sera rompu et, avec le fil de la tradition, le lien spirituel qui unit les hommes entre eux et qui les relie à Dieu.

L'antiquité païenne se tint les bras croisés devant ce paria de la nature et assista, l'œil sec, à cette lente agonie d'une intelligence qui se meurt faute d'un secours efficace. Mais le Fils de Dieu la rencontra un jour, sur son chemin, près de la mer de Galilée. On lit, en effet, dans l'Evangile selon saint Marc, « qu'un sourd-muet lui fut présenté, *et adducunt ei surdum et mutum (Marc,* VII, 32), pour être guéri, *ut imponat illi manum (ibid.).* » Jésus, sachant que la prière qui lui était adressée, était accompagnée d'une grande confiance, tira aussitôt ce malheureux infirme de la foule et dans un tête-à-tête, il lui mit ses doigts dans les oreilles et de la salive sur la langue; puis, levant les yeux au ciel, il soupira et lui dit : « Ouvrez-vous, *ephphetha, quod est adaperire (ibid.,* 34). » Et le muet parla, *et solutum est vinculum linguæ ejus, et loquebatur recte (Marc.,* VII, 35). » Alors, le peuple, saisi d'admiration, consacra le miracle par cet éloge ; « Il a bien fait toutes choses, il a fait entendre les sourds et parler les muets, *bene omnia fecit, et surdos fecit audire et mutos loqui (ibid.,* 37). »

C'était là agir en Dieu, en maître suprême de la nature et de l'humanité. Mais le miracle n'appartient qu'à Dieu. Dieu se réserve pour lui-même ces coups d'autorité, ou, du moins, s'il lui plaît de confier aux hommes ce pouvoir souverain, il ne le fait qu'à de rares intervalles. Le miracle n'est pas l'instrument ordinaire de sa providence dans le gouvernement du monde. Mais, s'il ne met pas le miracle dans nos mains, il a mis dans nos cœurs quelque chose qui peut y suppléer, si elle ne le remplace pas. Cette chose qui n'a au-dessus d'elle que le miracle, s'appelle d'un nom qui n'a point d'équivalent dans aucune langue en dehors du Christianisme; elle s'appelle la charité.

La charité est donc appelée à perpétuer l'œuvre de soulagement inaugurée par le divin Sauveur, pendant qu'il était sur la terre. Elle ne pourra pas dire aux sourds-muets qui se présenteront à elle, comme Jésus disait à celui de la Décapole : « *Ouvrez-vous, ephpheta, quod est adaperire (Marc, VII, 34); »* mais, appelant la science à son secours, elle pourra développer en eux le germe du vrai et du bien ; elle pourra assouplir par l'exercice leurs organes rebelles ; elle pourra leur créer un vrai langage par le moyen des signes ; elle arrivera même à leur faire articuler leurs pensées comme le commun des hommes et à leur·restituer ainsi au milieu de leurs semblables la place qui revient à une âme créée à l'image de Dieu et rachetée par le sang de son Fils.

Cependant, ce n'est qu'à pas bien lents qu'elle est parvenue aux succès qu'elle obtient de nos jours. Durant de longs siècles, nous ne voyons que des efforts privés, mais sans méthode arrêtée, et, par conséquent, sans résultats remarquables. Ces efforts sont dus à des hommes animés de la charité de Jésus-Christ. Au VIIe siècle, c'était le saint archevêque d'York; au XVIe, un enfant de saint Benoît, dans un couvent d'Espagne; au XVIIe, saint François de Sales. Rien de touchant comme le dévouement du saint évêque de Genève à l'égard de Martin, ce pauvre sourd-muet qu'il avait attaché à sa maison. Il l'avait rencontré à La Roche, en y prêchant le Carême, en 1605, et l'avait préparé lui-même à la communion pascale. De retour à Annecy, il lui avait continué ses leçons, et Martin en était venu à connaître non seulement nos mystères et les règles de la morale, mais encore la manière de les rendre et d'exprimer par des signes jusqu'aux pensées bonnes ou mauvaises de l'esprit, jusqu'aux consentements parfaits ou imparfaits de la volonté, avec la différence du péché mortel au péché véniel. C'est ce que nous atteste un auteur contemporain (le P. Larivière, p. 392). « Je me souviens, dit-il, qu'un lundi ou mardi gras, le soir après souper, le saint évêque fit venir Martin dans sa chambre, où nous étions avec une honorable compagnie, et lui dit de prêcher. Le sourd-muet aussitôt s'assit dans son fauteuil, fit le signe de la croix et se mit à haranguer, en poussant avec force de sa poitrine des sons inarticulés.

Il y avait plaisir à le voir contrefaire le larcin, l'homicide, la gourmandise, l'orgueil, la vanité des dames, ainsi que les autres vices. Pour en faire ressortir la gravité, il levait les yeux au ciel, étendait les bras; et, pour montrer que ces vices conduisaient en enfer, il se tournait vers le feu et faisait des gestes, comme s'il eût voulu y précipiter les amateurs du siècle. Tous les soirs, continue le même auteur, ce pauvre sourd-muet examinait sa conscience, avant de se coucher; il honorait, en les saluant, les tableaux de Notre Seigneur, de la Sainte Vierge et des Saints, et prenait de l'eau bénite avec un grand respect. Tous les jours, il entendait dévotement la messe et avait une religion profonde au Saint-Sacrement de l'autel. »

Quand il voulait se confesser, il allait chercher le saint évêque dans sa chambre, le menait dans son cabinet ou à la chapelle, en faisait sortir ceux qui s'y trouvaient, fermait soigneusement toutes les portes et les fenêtres, examinait de tous côtés si on ne pouvait point l'apercevoir; et, alors, tombant à genoux, il découvrait, par signes, tout ce qu'il avait fait de répréhensible, pleurait amèrement, se frappait la poitrine ; et le pieux confesseur l'embrassait avec tendresse, mêlant ses larmes aux siennes, l'exhortant aussi par signes à mieux vivre et à avoir confiance.

De temps en temps il l'admettait à la Communion, et, alors, on le voyait s'approcher de la Table sainte avec un respect et une dévotion qui édifiaient tous les assistants.

Un jour, M. Favre de Valbonne, admirant ce prodige d'intelligence, qu'il attribuait aux prières du saint évêque, interrogea celui-ci sur la question de savoir pourquoi il n'avait pas demandé à Dieu, en faveur de ce pauvre, la parole et l'ouïe, qu'il en aurait obtenues si facilement : « Je vous avoue, mon frère, que je n'ai jamais eu la pensée de demander à Dieu ce miracle, parce qu'il m'est très utile de garder ce bonhomme tel qu'il est, et d'avoir à faire à son égard une petite pratique de charité journalière et domestique (*Dép. de M. Favre*). »

Martin aimait son bon maître au-delà de ce qu'on peut dire, et cette affection ne fit que croître avec les années, à tel point qu'à la mort du saint évêque, ce bon et fidèle serviteur faillit mourir de chagrin. Jamais

enfant ne pleura aussi amèrement un père
ou une mère (Le P. Larivière, p. 398).

Certes, c'est là un magnifique triomphe
de la charité chrétienne ; mais ce n'est malheureusement qu'un triomphe isolé dû à
un des mille et mille efforts isolés poursuivis jusqu'alors.

Ce n'est qu'à la fin du XVIIIe siècle qu'il
se trouva dans les rangs du clergé français,
un homme dont le nom est sur toutes les lèvres, sitôt qu'on touche aux déshérités de la
parole, un homme qui éleva l'éducation des
sourds-muets à la hauteur d'une institution.
Doué de ce sens ferme et droit qui fait les
esprits d'élite, l'abbé de l'Epée conçut
l'idée de racheter par l'art les défauts de
la nature. En apparence sa tâche était bien
simple. De quoi s'agissait-il, en effet ? Il
s'agissait de remplacer les mots par des
signes et de suppléer à l'ouïe par la vue.
Tout était là. Mais, sous ces données si
élémentaires en apparence, se cachait un
problème formidable : c'était de donner
un corps aux idées spirituelles et morales,
de les peindre aux yeux par des signes
manuels, pour en nourrir l'esprit. Voilà
ce que l'abbé de l'Epée entreprit et exécuta. Non pas que son œuvre ait atteint

la perfection; Dieu n'a pas coutume de donner à un homme assez de génie pour achever à lui seul ce qu'il a commencé. L'abbé Sicard et tant d'autres ont marché sur ses traces et sont arrivés à faire parler les sourds-muets, en donnant à leur intelligence un développement suffisant pour leur permettre de lire sur les lèvres de leurs interlocuteurs tout ce qui leur est dit.

Ces réflexions préliminaires se présentent naturellement à notre esprit, au moment de parler de l'abbé Goddard au service des sourdes-muettes.

Mais comment la Maison du Sacré-Cœur avait-elle dans ses murs toute une *communauté* de sourdes-muettes? C'est ce que nous allons dire en peu de mots.

Il existe dans la commune de Cognin, à deux kilomètres de Chambéry, un établissement de l'Etat affecté à la formation intellectuelle, religieuse et professionnelle des enfants sourds-muets des deux sexes et qui porte le nom d'Institution nationale des Sourds-Muets de Chambéry. Le quartier des garçons, confié à un corps de professeurs laïques, est installé dans le domaine de Corinthe, commune de Cognin. Les jeunes sourdes-muettes forment un quartier distinct, dans le couvent du Sacré-Cœur, à Chambéry même, où les religieuses de cette congrégation sont chargées de leur éducation.

Cette Institution nationale des Sourds-Muets est administrée par un Directeur responsable, sous l'autorité du Ministre de l'Intérieur et sous la surveillance du Préfet de la Savoie, assisté lui-même par une Commission consultative dont il est président. Elle a sans doute un bel avenir, puisqu'elle est placée sous la tutelle immédiate de l'Etat. Mais ses origines sont plus modestes. Celui qui en prit l'initiative est M. l'abbé du Tour, Aumônier du Roi, Prévôt du Chapitre de la Cathédrale de Tarentaise, qui, en 1834, fonda, à Moutiers, une petite école de sourds-muets. Cet homme généreux et compatissant n'épargna aucun genre de sacrifices, pour doter notre pays d'une si belle œuvre. Mais elle ne fut pas continuée, après sa mort, faute de ressources.

En 1841, une œuvre semblable fut établie à Chambéry par M{^lle} Barthélemy, qui en avait déjà dirigé une autre dans la Haute-Loire et qui lui consacra, avec son entier dévouement, tout son petit patrimoine. Elle n'ignorait pas qu'il lui fallait d'autrer ressources, pour la mener à bonne fin ; mais elle comptait sur la divine Providence et sa confiance ne fut pas trompée. Aussitôt que son école fut ouverte, tout le monde en fut enchanté, parce qu'elle répondait à un grand besoin, et les personnes les plus distinguées, telles que Monseigneur l'Archevêque et le Comte Belgrano, intendant général, s'empressèrent de l'honorer de leur sympathie et d'ouvrir des souscriptions pour la soutenir.

Au début, les jeunes filles sourdes-muettes y étaient seules reçues comme pensionnaires ;. les jeunes garçons n'y étaient admis qu'à titre d'externes. Mais, en 1842, un petit Pensionnat pour les garçons fut créé, sous la direction de M. l'abbé de Saint-Sulpice et approuvé par Lettres ministérielles en date du 2 décembre de la même année. En même temps, les Religieuses du Sacré-Cœur, jalouses de prêter leur concours à une œuvre de charité si pure, s'engagèrent spontanément à lui fournir, soit le personnel enseignant, soit un logement convenable dans les dépendances de leur Maison. Mlle Barthélemy continua, néanmoins, à s'en occuper jusqu'à sa mort, qui arriva le 2 mars 1850. Sa pieuse et dévouée servante, Sophie, devint même religieuse coadjutrice du Sacré-Cœur.

L'école des garçons fut ensuite installée dans l'ancien collège de Saint-Louis-du-Mont, à trois kilomètres de Chambéry, et livrée aux soins des Frères des Écoles chrétiennes.

En 1846, les deux écoles devinrent un établissement public de bienfaisance, légalement reconnu par billet royal et placé sous la protection directe de Charles-Albert, avec le titre d'Institution royale et un subside annuel de quatre mille francs. Les offrandes volontaires, jointes aux subventions des Conseils provinciaux du Duché de Savoie, en parfaisaient les dépenses. Enfin, une Commission spéciale, présidée par Mgr l'Archevêque et composée de six membres électifs, outre deux membres-nés (le premier Syndic et le Curé de la Métropole) devait désormais l'administrer, suivant les lois et les règlements sardes.

Cependant son action salutaire était forcément limitée, comme le chiffre de ses ressources ; les recettes du · budget pour garçons et filles atteignaient à peine, chaque année, la somme de 14,000 fr.

Telle était la situation de l'Institution royale des Sourds-Muets de Chambéry, en 1860, quand fut conclu le traité d'annexion du Duché de Savoie à l'empire français.

A partir de cette époque, l'Institution prit un développement rapide. Un décret, en date du 17 octobre 1861, la classa parmi les établissements généraux de bienfaisance et la dota d'une subvention annuelle de 25,000 fr.

En 1866, l'école des garçons fut transférée à Cognin [1], et passa des mains des Frères des Ecoles chrétiennes à celles des Frères de l'Instruction chrétienne du Sacré-Cœur. M. l'abbé Rieffel y fut en même temps nommé directeur et aumônier pour les deux écoles. M. l'abbé Jouty lui succéda et fut, en 1881, remplacé par un directeur laïque. En 1886, le corps enseignant tout entier fut laïcisé et la subvention de l'Etat considérablement augmentée. Mais rien ne fut changé au sujet des Sourdes-Muettes, sinon que l'Etat a bien voulu rémunérer deux des Religieuses du Sacré-Cœur qui s'occupent de leur éducation [2].

[1] A trois kilomètres de Chambéry.
[2] Le *Journal Officiel*, dans son numéro du 2 fé-

Seulement, c'est ici que nous aurions beaucoup de choses à dire des excellents souvenirs que l'abbé Goddard a laissés parmi elles, pendant sa longue carrière d'aumônier du Sacré-Cœur; car, s'il fut pour cette Maison, le père spirituel le plus dévoué et le plus capable de conduire les âmes à la perfection chrétienne, il fut plus encore pour les sourdes-muettes. Il ne voulut jamais rien savoir de tout ce qui concernait l'administration temporelle du Sacré-Cœur; mais, pour les Sourdes-Muettes, il aimait à entrer dans leurs intérêts pour les moindres détails, et, plus d'une fois, il entreprit, pour elles, des démarches délicates auprès de l'Autorité civile. Comme une mère, entourée de nombreux enfants également affectionnés, s'applique particulièrement à ouvrir les trésors de son cœur à celui qui, parmi eux, se trouve disgracié de la nature, l'abbé Goddard s'employait de tout son pouvoir à compenser ces pauvres enfants

vrier 1898, nous a même appris que Mme Tonti, qui dirige leur Ecole, était nommée Officier d'Académie. Cette humble religieuse que la feuille du Gouvernement se plaît à qualifier d' « éminent professeur », a 27 ans de service.

de la triste privation dont elles souffraient. Ce que saint François de Sales fut pour ce serviteur favori, dont nous avons raconté l'histoire, l'abbé Goddard le ·fut, pendant plus de quarante ans, pour ses chères Sourdes-Muettes.

Dès le commencement de son ministère au Sacré-Cœur, il s'était astreint à suivre leurs classes, pour apprendre le langage mimique et dactylologique, afin de pouvoir leur être de la plus grande utilité possible, au point de vue religieux. Et quand, plus tard, on put les faire parler, grâce aux progrès de la science, son bonheur fut ineffable. Qu'il était heureux de leur faire comprendre, dans ses instructions, ces paroles du Divin Maître : « Ne craignez pas, petit troupeau ; car il a plu à votre Père céleste de vous donner une belle place dans son royaume, *nolite timere, pusillus grex, quia complacuit Patri vestro dare vobis regnum* (*Luc.*, XII, 32)! »

Il saisissait avec empressement toutes les occasions de leur ménager les plus agréables surprises, telles que livres et objets de piété, bonbons, jeux, boîtes de peinture. Du reste, chaque fois qu'il avait connaissance d'une nouvelle découverte pour

l'avantage des Sourds-Muets, il avait hâte
de les en informer et était toujours le premier à la leur procurer. Aussi, en le voyant
seulement de loin, leur joie éclatait-elle
par une explosion extraordinaire de gestes
et de sons, qui témoignait d'un oubli presque complet de la discipline.

Seule la charité, née de l'esprit chrétien,
peut offrir de pareils spectacles. A-t-on
jamais rien vu de semblable en dehors d'elle !
Est-ce que la philanthropie s'est jamais mon-
trée assez ingénieuse, pour rendre véritablement heureux des infirmes dont la vue
seule attendrit les cœurs les plus durs !

Reconnaissons là l'image du Verbe incarné, qui n'attend pas que la veuve de
Naïm lui ait demandé la résurrection de son
fils, mais qui s'arrête sans hésiter devant
le spectacle d'une vive affection et qui laisse tout pour la soulager. Reconnaissons là,
encore une fois, que l'homme est surtout
grand par le cœur. Par son intelligence il
règne bien sur la nature ; car il rapproche
les mers, perce les montagnes, enchaîne la
foudre ou bien la dirige sur un fil conducteur et en fait le véhicule de sa pensée.
Mais par son cœur il règne sur ses semblables et sur lui-même. Oui, c'est le cœur

qui fait l'homme. Aussi, lorsque, au jour du jubilé sacerdotal de l'abbé Goddard, le 18 juin 1893, le P. Monod traça, devant toute la communauté du Sacré-Cœur, le magnifique tableau de sa carrière sacerdotale, tout sembla s'effacer devant les quelques traits qu'il consacra à l'œuvre des Sourdes-Muettes, et l'auditoire ne put contenir ses larmes d'émotion.

Son ministère auprès des Enfants de Marie.

Les Maisons chrétiennes d'éducation ont toujours eu soin d'établir parmi leurs élèves divers moyens d'émulation, pour entretenir en eux le feu sacré du travail, de la vertu et de la piété. Le Sacré-Cœur en a établi plusieurs, qui sont adaptés aux différents âges et dont l'expérience a démontré l'admirable sagesse : il compte ainsi dans tous ses Pensionnats les Enfants de Marie, des Saints-Anges, de Saint-Louis et de la Sainte-Enfance.

L'abbé Goddard suivait attentivement les mouvements de ces Congrégations et ne manquait jamais de donner un mot d'encouragement, et à celles dont le mérite était signalé par les insignes des lauréats du corps, et aux autres qui se réservaient d'être plus heureuses une autre fois.

Quant aux Enfants de Marie, comme elles restent associées, même après leur sortie du Pensionnat, continuant à s'y réunir à des époques déterminées, sous la direction spirituelle de leur ancien Aumônier et suivant un règlement spécial, nous allons en parler comme congrégation du dehors et nous en ferons connaître l'origine, l'organisation et le but, à cause de ses rapports avec l'abbé Goddard.

Son origine. — Voici un extrait du journal de cette congrégation, qui nous dit suffisamment ce qu'il nous importe de savoir sur son origine. Il est sous la date du 10 décembre 1842. » Depuis longtemps, les Enfants de Marie du Sacré-Cœur de Chambéry, qui étaient rentrées dans leurs familles, demandaient avec instance l'établissement de la Congrégation des Enfants de Marie du dehors. De nombreux obstacles s'y opposèrent pendant plusieurs années ; mais, enfin, leurs vœux furent exaucés, et les premiers fondements de cette association furent jetés, le 10 décembre 1842, par la digne Mère Stanislas, supérieure de la Maison. »

M. le chanoine Tournier, professeur au Grand-Séminaire, en devint le dirècteur, fonction qu'il conserva jusqu'en 1856. Cependant la Congrégation, subissant tout d'abord des hauts et des bas, ne fut bien assise qu'en 1848. Pour son existence ultérieure, laissons parler encore le journal en question, sous la date du 1ᵉʳ avril 1856 : « Ce matin, M. l'abbé Goddard, notre nouveau directeur, après avoir réjoui nos âmes par les sacrements de Pénitence et d'Eucharistie, s'est fait notre interprète, en exprimant notre profonde reconnaissance envers M. le chanoine Tournier et, dans un langage du plus pur esprit de l'Evangile, il s'est offert à continuer pour nous sa mission de dévouement absolu. Il a pris pour texte de son instruction ces paroles que le Seigneur avait chargé Moïse de dire à son peuple : « Soyez saints, parce que je suis saint, moi qui suis le Seigneur votre Dieu, *sancti estote, quia ego sanctus sum, Dominus Deus vester (Lev.* xix, 2). » Après la mort de l'abbé Goddard, le même journal, rappelant ce texte, y ajoute les réflexions suivantes : « Chacune de nous pourrait dire aujourd'hui comment ce souhait a été entendu et comment il s'est accompli pendant 40 années, sous des formes váriées. Un cœur ami, une plume plus autorisée que la nôtre a admirablement résumé, dans la *Semaine religieuse,* la vie et les vertus de M. le chanoine Goddard ; la Congrégation des Enfants de Marie n'aura donc à y ajouter qu'une fleur de reconnaissance en quelque sorte personnelle. Cette fleur s'est épanouie dans toutes nos âmes ; car, qui de nous, malade ou affligée, n'a reçu de lui, avec la suave sympathie qui console, la parole surnaturelle qui élève et qui fortifie...? Il nous est doux de penser que le souvenir de sa chère Congrégation aura brillé, à son tour, comme l'arc-en-ciel de la paix, aux yeux de son âme prête à paraître devant Dieu. Il était si heureux, en ces années passées, de constater le progrès de nos œuvres, l'accroissement de l'esprit chrétien et de la ferveur parmi nous ! Si, dans son humilité, il aimait à ne s'attribuer aucun de ces fruits bénis, nous n'en avons pas moins la confiance qu'ils auront parlé pour lui avec éloquence devant le tribunal de Dieu. Du haut du ciel, il jette sans doute, maintenant, un regard de complaisance sur cette pieuse association et, bien mieux que nous, il sait rendre grâces à Notre Seigneur pour le don que sa divine main a daigné faire à la famille de sa Mère [1]. »

Son organisation. — Pour l'organisation de la Congrégation des Enfants de Marie, elle a été réglée comme il suit : « A la tête « de la Congrégation se trouve un Direc- « teur, proposé par ses membres et agréé « par Monseigneur l'Archevêque. Une reli- « gieuse du Sacré-Cœur en dirige les dé- « tails sous le nom de Directrice; mais « elle est secondée par une Présidente, une

[1] Ce dernier membre de phrase fait gracieusement allusion à la nomination de M. le chanoine Colombain, vicaire général, comme directeur de la Congrégation des Enfants de Marie, en remplacement de l'abbé Goddard, à la grande satisfaction de toutes celles qui en font partie.

Peu de temps après, Sa Grandeur Monseigneur l'Archevêque étant venue au Sacré-Cœur, pour bénir les ornements et le linge destinés aux églises pauvres du diocèse, daigna donner encore un pieux souvenir au vénéré Directeur défunt : « Vous avez eu en lui, disait Monseigneur aux Enfants de Marie, vous avez eu en lui la vision d'un saint prêtre, qui ne vivait que pour la gloire de Dieu et le salut des âmes. Je puis vous affirmer que son zèle pour notre Œuvre s'est réjoui, lorsque je lui ai annoncé que son successeur serait nommé dans la personne de celui que son regard me demandait. Il s'est donc endormi tranquille sur l'avenir d'une Congrégation, qui a été l'objet de son dévouement pendant quarante années. »

« ou plusieurs vice-Présidentes, quatre ou
« six Conseillères, une Secrétaire, une
« Trésorière, une Bibliothécaire, une ou
« deux maîtresses des Cérémonies, qui
« sont sacristines, lorsque cette fonction
« peut être remplie. »

« Si les Congréganistes sont très nom-
« breuses, on établit des sous-charges, afin
« que les dignitaires soient remplacées en
« cas d'absence. »

Le Règlement renferme d'autres dispositions que nous croyons inutile de rapporter
ici, excepté ce qui concerne les *admissions.*

« Les Elèves du Sacré-Cœur, reçues Enfants
« de Marie avant leur sortie du Pensionnat,
« conservent, en rentrant dans le monde,
« leur titre avec tous leurs droits. Celles
« qui n'auraient pas été admises dans la
« Congrégation, au cours de leur éducation,
« pourraient l'être plus tard ; mais, à moins
« de raisons particulières, ce ne sera qu'a-
« près deux années passées dans leur fa-
« mille. »

« L'entrée dans la Congrégation peut
« être accordée à de jeunes personnes ou
« à de jeunes dames qui n'ont pas été éle-
« vées au Sacré-Cœur, mais dont la piété
« est généralement reconnue. Elles seront

« présentées par trois enfants de Marie, et
« leur admission soumise au Conseil, qui
« en décidera par scrutin secret, à la ma-
« jorité des suffrages. De plus, avant d'être
« reçues Congréganistes, elles devront
« assister aux réunions pendant un an, à
« titre d'associées. Ordinairement, après
« 35 ans, on n'obtiendra plus l'entrée dans
« la Congrégation. »

Son but. — « Le but principal que se pro-
« posent les Enfants de Marie est d'aimer
« et de servir les divins Cœurs de Jésus
« et de Marie, cherchant à les dédomma-
« ger de l'ingratitude d'un si grand nombre
« de chrétiens, de s'appliquer, chacune
« selon son pouvoir, à les faire connaître,
« aimer, servir ; enfin, d'opposer à l'esprit
« et aux maximes du monde l'esprit et
« les maximes de Jésus-Christ, par l'exem-
« ple d'une vie sérieusement chrétienne. »
Mais, à ce but principal, elles en ont
joint, à la longue, un autre, qui, tout secondaire qu'il est, n'en est pas moins louable : c'est celui de confectionner des ornements pour le culte catholique, au profit
des pauvres églises de campagne. Elles ont
été affiliées, pour cela, à l'Œuvre des

Tabernacles, dont le siège est à Paris et
qui a, actuellement, pour présidente Mme la
marquise de Lur-Saluces. Et c'est grâce à
leur concours généreux que les églises
pauvres du diocèse de Chambéry sont sor-
ties de l'état de détresse, souvent indigne
de la foi catholique, dans lequel elles gé-
missaient autrefois.

Telle est la Congrégation des Enfants
de Marie, que l'abbé Goddard a dirigée
avec ce zèle persévérant, dont les grands
saints sont seuls à nous donner l'exemple.
A quoi doit-elle d'avoir conservé son
esprit de foi, sa dignité, sa ferveur, si ce
n'est à la sollicitude paternelle d'un homme
de Dieu, qui ne semblait vivre que pour
elle, qui connaissait chacun de ses membres depuis sa plus tendre enfance et qui
les avait tous initiés à la pratique de la
vertu et à la piété chrétienne !

C'était vraiment le bon Pasteur au milieu
de ses brebis fidèles, possédant, avec leur
entière confiance, une autorité qui ne faisait que grandir avec l'âge. Quel empire
ne devait-il pas exercer sur son petit troupeau, qu'il dominait ainsi par les années
comme par le savoir et par la sainteté !

Nous avons eu entre les mains une

grande partie des instructions qu'il lui
adressait ; on ne peut rien lire de mieux
adapté à son auditoire, de plus châtié pour
le style, de plus profond et de plus exact
pour la doctrine.

En voici une qui nous donnera une idée
des autres. Elle a pour sujet la parabole du
figuier stérile.

« Le maître d'une vigne visite sa terre ;
« il rencontre un figuier ; il y cherche des
« fruits, mais il n'y a que des feuilles,
« triste et vaine parure ! Il dit au cultiva-
« teur : « Coupez cet arbre ; car il occupe
« une place inutile. Voilà trois ans passés
« que j'y cherche des fruits, et il n'y en a
« jamais. »

« Le cultivateur répond : « Seigneur,
« souffrez que j'attende encore une année ;
« je creuserai, je remuerai la terre et, si,
« après mes soins, l'arbre ne porte pas de
« fruits, vous verrez alors et vous jugerez. »
« L'Evangile ne nous dit pas si, après cette
« année, le maître vint encore voir si l'ar-
« bre portait des fruits.

« Trois enseignements peuvent ressortir
« pour nous de cette parabole : le premier,
« c'est que Dieu cherche des fruits dans
« nos âmes ; le second, c'est qu'il juge et

« punit celles qui ne portent pas de fruits ;
« le troisième, enfin, c'est qu'il attend les
« âmes qui ont besoin d'une nouvelle cul-
« ture pour les guérir et les sanctifier.

« 1° Dieu cherche des fruits dans les
« âmes. Notre Seigneur avait dit à ses
« apôtres et, en leurs personnes, à nous-
« mêmes : « Je vous ai établis dans ma
« vigne, afin que vous alliez et que vous
« portiez des fruits. » Lorsqu'Il se com-
« pare lui-même à cette vigne, il ajoute :
« la branche qui porte des fruits, on la
« taillera, afin qu'elle en porte davantage. »
« D'où nous avons à conclure cette vérité
« élémentaire : Dieu veut que la grâce
« fructifie dans notre cœur ; il veut que
« cette grâce ne reste pas stérile ; que notre
« vie ne demeure pas vide d'œuvres de
« sanctification et de salut. Dieu est l'agri-
« culteur céleste ; il a semé, planté, taillé,
« arrosé, cultivé sa vigne ; il a fait des-
« cendre du ciel ce qui pouvait féconder
« son champ, son arbre, c'est-à-dire la
« grâce, dans notre cœur. Il vient à l'heure
« qu'Il a marquée, aux époques désignées
« par sa Providence et sa justice ; Il vient,
« et, s'Il trouve cet arbre sans fruit, ce
« cœur sans vertu, cette vie sans progrès,

« que fait-Il? Il prononce son jugement.

« Vous savez, Mesdames, que Dieu vous
« attend au sortir de cette vie, pour vous
« juger, avant même l'heure des dernières
« et solennelles assises ; mais, sachez-le,
« Dieu, qui vous voit à chaque instant,
« vous juge aussi à chaque instant. Dieu
« sait ce que vous faites, où vous allez,
« comme Créateur, comme Père et comme
« Rédempteur, Il vous a donné la vie et
« Il a mis au fond de vos âmes tous les
« principes de salut, tous les enseigne-
« ments, tous les secours, toutes les inspi-
« rations précieuses de la grâce, toute la
« lumière, toute la force qui vous étaient
« nécessaires, afin de fructifier pour le ciel.
« Il a donc tous les droits, pour exiger de
« vous des fruits ; or, que trouve-t-il en
« vous le plus souvent? des feuilles. Des
« feuilles seulement ! Ce qui brille aux
« yeux du monde, ce qui paraît au dehors
« avec éclat pour attirer les regards ! Mais
« sous ces feuilles, point de fruits ! Arbre
« inutile, arbre stérile ! Ame trop stérile
« et trop ingrate !

« 2° A l'heure solennelle, quand notre
« sort devra être fixé pour l'éternité, si
« nous apportons ainsi au Seigneur une

« âme sans fruits, sans œuvres, sans ver-
« tus, sans progrès, sans efforts, quelle
« parole entendrons-nous, si ce n'est cette
« terrible condamnation : jetez-la dans les
« ténèbres extérieures; allez, maudite, au
« feu éternel!

« Ah! Mesdames, que la menace de cette
« sentence ne soit pas perdue pour vous!
« rappelez-vous que, dans vos cœurs, vous
« avez une terre à cultiver, un champ à
« féconder; que vous devez produire des
« fruits et faire fructifier la semence du
« Père de famille, cette sève divine qu'Il
« a fait descendre jusqu'au plus intime de
« vos âmes! Rappelez-vous que Dieu a le
« droit d'exiger chaque jour que vous lui
« montriez des fruits de courage, de pa-
« tience, de soumission, et l'accomplisse-
« ment fidèle des préceptes de l'Evangile.

« 3° Mesdames, si le Seigneur venait,
« en cet instant, parcourir cette enceinte,
« s'Il venait vous interroger les unes après
« les autres, afin de trouver ses fruits dans
« vos âmes, s'Il voulait voir en vous les
« principes de sa grâce féconde, lui pré-
« senteriez-vous beaucoup plus que des
« feuilles, plus que des apparences, peut-
« être enrichies de ces riens qui brillent

« au dehors? et après?... Et l'accomplisse-
« ment de vos devoirs, et la soumission à
« la volonté divine? Et l'amour de Notre
« Seigneur, qui vous dit de marcher sur
« ses pas, d'imiter ses vertus, son humili-
« té, son zèle? Hélas! je crains qu'il ne
« trouvât pas beaucoup de fruits. Et si
« le jugement était prononcé à l'heure
« même, si la sentence devait s'exécuter
« dès maintenant, où iriez-vous? que de-
« viendriez-vous? — Hélas! combien
« d'existences brillent aux yeux du monde
« qui sont tristes aux yeux de Dieu! —
« Mesdames, il y a des heures d'un grand
« prix, qui apportent des grâces que vous
« ne recevrez pas plus tard. Craignez de
« refuser à Dieu ce qu'il vous demande
« maintenant. Quoi! ne vous sentez-vous
« pas assez de courage pour rejeter ces
« vaines et excessives parures, qui, aux
« yeux de Dieu, ne sont que vanité condam-
« nable? Mettez dans votre vie des vertus
« véritables et solides, la patience, l'indul-
« gence, l'humilité; déposez toute amer-
« tume et toute aigreur; recevez au dedans
« de vos cœurs le rayon de charité que
« Dieu a mis pour vous dans son Evangile.
« Faites ces efforts bénis; qu'on sente que

« vous êtes les enfants de votre Père qui est
« au ciel, de votre mère, la sainte Eglise.
« Qu'on le sente et qu'on le voie! Je ne
« prétends pas vous prédire une vie parfaite,
« exempte de tentations et de fautes ; mais,
« si vous savez bien comprendre la grâce
« de Dieu, si vous savez recevoir celle qui
« est la meilleure, celle qui assure le par-
« don, la grâce de ne jamais vous décou-
« rager, après des années trop nombreuses,
« peut-être, passées à faire attendre le Sei-
« gneur, le jour de la fécondité spirituelle
« viendra, et votre âme se couvrira de
« fruits divins. »

Voilà ce que fut l'abbé Goddard, au service des différentes œuvres dont il était
chargé. Mais il n'oublia jamais son œuvre
essentielle, qui était la direction spirituelle
des Religieuses du Sacré-Cœur, et, si
c'est dans l'adversité qu'on connaît ses
vrais amis, il leur prouva surabondamment
toute la sincérité de l'attachement qu'il
professait pour elles.

Le 29 Mai 1855 fut promulgué par le
Gouvernement sarde la fameuse loi portant la « *suppression des Ordres monas-
tiques,* » sauf ceux voués à l'enseignement,
à la prédication et à l'assistance des ma-

lades, le « *séquestre des biens des couvents* » et la création d'une « *Caisse écclé-
siastique,* » dans le but d'employer ces biens
pour les frais du culte et, subsidiairement,
pour les besoins de l'Etat.

Et il est bon de rappeler ici, à l'honneur
des représentants de la Savoie, que, sur
22 députés, 5 seulement crurent devoir la
voter et que le marquis Costa de Beauregard
motiva son vote par cette fière déclaration :
« la loi des Couvents viole le Statut et met
hors la loi toute une catégorie de citoyens,
sans les juger, sans les entendre. Au-dessus
des prescriptions de l'Etat, je mets les enseignements de l'Eglise. »

Par suite de cette loi néfaste, « *les
Royales Finances* » donnèrent des ordres
minutieux pour la rédaction des inventaires
et la prise de possession, à titre conser-
vatoire, des maisons religieuses, au nom
de la « *Caisse ecclésiastique,* » mais en
invitant les agents de l'exécution à s'entendre au préalable avec les évêques et à
user de la plus parfaite courtoisie. Les
journaux religieux publièrent aussitôt le
chapître 11ᵉ du Décret disciplinaire de la
XXIIᵉ Session du Concile de Trente, aux
termes duquel est excommunié *ipso facto*

quiconque prête les mains à une entreprise
du pouvoir laïc sur les biens du Clergé.
En même temps, les évêques adressaient des
instructions, qu'on lut au prône et qui ré-
glaient leur conduite pour tous les incidents
relatifs à la *spoliation* imminente des
biens ecclésiastiques.

Les Couvents de Chambéry étaient au
nombre de six, parmi lesquels trois seulement tombaient sous l'application de la
loi d'*incamération*, savoir ceux des RR.
PP. Capucins, des Carmélites et de la Visitation. Les Sœurs de Saint-Joseph, spécialement exceptées par la loi, et les Frères
de la Doctrine chrétienne, en leur qualité
de corps enseignant, n'avaient rien à craindre.

Quant aux Dames du Sacré-Cœur, quoique l'influence française les eût sauvées
jusque-là, elles redoutaient le sort des Jésuites. Elles comptaient 34 Religieuses,
dont 29 s'étaient liées par des vœux perpé-
tuels et 5 par des vœux temporaires ; elles
avaient une seule novice. Sur ce nombre,
19 Religieuses étaient françaises, 10 ita-
liennes, 6 de Savoie.

Nous avons tiré ces détails des archives
de la « *Caisse ecclésiastique* » où figu-

rent les listes officielles des Religieux et des Religieuses qui avaient à toucher une pension viagère.

Parmi ces Ordres religieux, les Dames de la Visitation, protégées par la bienveillance spéciale du Comte de Cavour, ne furent pas molestées ; les Capucins et les Carmélites portèrent la question devant les tribunaux contre la *Caisse ecclésiastique ;* les Dames du Sacré-Cœur furent mises en demeure par le ministre Lanza d'avoir à se présenter, dans les huit jours, aux Examens universitaires, qui donnent droit aux diplômes de capacité, si elles ne préféraient fermer leur Pensionnat. D'où un autre procès, qui se termina le 5 Juin 1856, par une amende et le renvoi des Elèves. .

C'est alors que s'ouvrit pour le Sacré-Cœur de Chambéry une période d'angoisses, qui ne prit fin qu'à l'annexion de la Savoie à la France.

Il n'abritait plus que les Religieuses que nous avons énumérées ainsi que les Sourdes-Muettes, et était réduit à une situation voisine de la misère. L'abbé Goddard n'hésita pas à partager les privations de son cher troupeau, auquel il s'attachait plus que jamais et continua de le servir sans rénumération. Il repoussa même plusieurs fois les propositions les plus flatteuses plutôt que de s'en séparer. Ainsi, la vénérable fondatrice de la Société du Sacré-Cœur, Madame Barat, lui ayant, un jour, fait offrir par Monseigneur Billiet, l'aumônerie d'une de ses plus importantes Maisons, il déclina cet honneur, comme, plus tard, il déclina les postes de curé de l'église métropolitaine et de vicaire général. Ce n'est pas qu'il eût la moindre velléité de se raidir contre l'autorité de son Archevêque ; mais, sachant qu'on peut toujours refuser un honneur, il le supplia de vouloir bien reporter sur un autre, celui qui lui était présenté, en le laissant lui-même combattre encore sur la brèche. « Que Dieu me garde « d'abandonner ma famille, disait-il, au « moment même où elle a le plus besoin « de moi ! » La Société tout entière du Sacré-Cœur sut apprécier une pareille détermination et se plut dès lors à le considérer comme un de ses plus fermes appuis. N'était-il pas, en effet, cet ami sincère et fidèle, que l'Esprit-Saint nous dépeint « comme une protection, comme un trésor « sans prix, comme une source de conso- « lations au milieu des peines de la vie,

« *amicus fidelis protectio fortis; qui*
« *autem invenit illum invenit thesau-*
« *rum... non est digna ponderatio auri*
« *et argenti contra bonitatem fidei*
« *illius... amicus fidelis medicamentum*
« *vitæ* (*Eccli.*, VI, 14, 15, 16)? Il n'y a que
« la Religion qui puisse procurer de sem-
« blables amis, *et qui metuunt Dominum*
« *invenient illum* (*ibid.*, 16)! Ceux qu'on
« trouve quelquefois dans le monde ne
« manquent jamais de se dérober, aux ap-
« proches du malheur, *est enim amicus*
« *secundum tempus suum, et non per-*
« *manebit in die tribulationis* (*ibid.*, 8). »

Pendant ce temps, la petite famille de
l'abbé Goddard vit le nombre de ses membres diminuer graduellement jusqu'au
chiffre de douze; elle eut, surtout, la douleur de perdre sa digne Supérieure, la mère
Jouve, moins désolée de quitter la vie que
de laisser dans une sorte d'exil ses filles
fondant en larmes. Avant de dire son
« *nunc dimittis,* » elle leur recommanda
instamment de prier tous les jours pour la
conservation de leur vénéré Aumônier :
« Tant que vous aurez avec vous ce saint
homme de Dieu, leur dit-elle, vous aurez
une Providence visible et vous n'aurez pas

d'inquiétude à concevoir. Sentinelle vigilante, il recevra toujours lui-même les surprises, pour vous les éviter. »

Cette Providence ne leur fit pas un seul instant défaut, et chacune d'elles pouvait constamment dire comme saint Paul : « Béni soit Dieu, Père de Notre Seigneur Jésus-Christ, le Père des miséricordes et le Dieu de toute consolation, qui nous console dans toutes nos tribulations, afin que nous puissions aussi consoler les autres dans toutes leurs afflictions, en leur faisant les exhortations que nous recevons nous-mêmes de Dieu ; car, à mesure que les souffrances de Jésus-Christ augmentent en nous, nos consolations augmentent aussi par ce Dieu d'amour, *quoniam sicut abundant passiones Christi in nobis, ita et per Christum abundat consolatio nostra (II Cor., I, 3-5).* »

Enfin, en 1860, l'orage se calma, la terreur qui pesait sur le Sacré-Cœur depuis cinq ans disparut et, le 6 novembre, treize élèves rentraient au bercail. Le lendemain, après la Messe du Saint-Esprit, l'abbé Goddard, dans une courte mais vibrante allocution, comparait sa joie à celle de Jacob revoyant son fils Joseph, qu'il croyait mort, et un « *Te Deum* » d'action de grâces fut chanté avec une ravissante harmonie.

Depuis ce jour, il recommença la série quotidienne de ses exercices privés et de ses travaux professionnels avec une régularité qui ne subit pas d'interruption pendant trente-cinq ans, c'est-à-dire pendant toute sa vie. Une bonne partie de son existence s'écoulait à la Chapelle, où, après ses prières sacerdotales, il donnait l'exemple de la dévotion au Très Saint-Sacrement, au Chemin de croix, au saint Rosaire. Il était vraiment l'âme de la piété dans la Maison et comme le principe moteur de tous les mouvements vers Dieu.

Une chose dont nous aimerions mieux attribuer le mérite à son esprit de foi qu'à son humilité, puisque l'humilité semblait lui coûter si peu, c'est l'empressement avec lequel il remplissait les fonctions de servant de Messe, lorsque l'enfant chargé de cet office, pour la Messe de 6 heures, n'était pas là. Il paraissait plus beau en servant ainsi la sainte Messe qu'en la célébrant lui-même, bien qu'il fît toujours saintement cette action trois fois sainte.

Au reste, il lui arrivait souvent de faire, dans le Sanctuaire, des actes apparemment peu conformes à sa dignité, surtout pendant les années de sa vieillesse, afin de ne pas troubler l'ordre de la Maison ; mais on sentait que sa foi si vive en la présence réelle de Notre Seigneur Jésus-Christ le rendait heureux de s'y employer.

En 1869, Son Eminence le Cardinal Billiet vint, un jour, le surprendre dans son modeste logement, où il se plaisait à pratiquer la maxime du livre de l'*Imitation* : « *Ama nesciri* (aimez à être inconnu). » Après les salutations d'usage avec un prince de l'Eglise : « mon cher abbé, lui dit le grand Prélat, jusqu'à présent vous m'avez déjà refusé bien des choses.... » — Sans écouter plus longtemps, l'abbé Goddard cède à un sentiment spontané d'indignation contre lui-même et se remet à genoux en interrompant ainsi le Cardinal : « mais, comment, Monseigneur ! moi... est-il possible que j'aie jamais commis la faute impardonnable de refuser quelque chose à votre Eminence ? Oh ! s'il en était ainsi... » — « Mon cher abbé, reprend le vénérable Prélat, ne vous tourmentez pas et entendons-nous. Je suis bien loin de vous apporter des reproches. Lorsque vous n'avez pas cru devoir accéder à mes désirs, c'est

que je voulais simplement vous récompenser
pour vos services rendus à l'Eglise. Or, on
est toujours autorisé à refuser des honneurs
comme ceux que je vous ai offerts, surtout
quand on le fait avec la forme que vous savez y mettre et qu'on n'a rien autre en vue
que la gloire de Dieu et le salut des âmes.
Aujourd'hui, je viens vous proposer une
chose, qui touche bien encore à l'honneur,
mais qui vous laissera entièrement à votre
zèle pour la Maison du Sacré-Cœur : c'est
d'accepter le diplôme de chanoine honoraire
de mon église métropolitaine. Et il faut que
je vous dise que ce n'est pas seulement
vous personnellement que je veux honorer
ainsi, mais encore la Maison du Sacré-Cœur
de Chambéry. » — « Oh! alors, Monseigneur, répond l'abbé Goddard, je ne puis
que bénir l'extrême bienveillance dont je
suis l'objet de la part de votre Eminence.
Et, toute ma vie, je prierai le bon Dieu de
l'en bénir. »

On aime à voir tant de simplicité unie à
une charité inaltérable et forte comme la
mort, « *quia fortis est ut mors dilectio*
(*Cant.*, VIII, 6). »

Mais, bien que l'abbé Goddard soit désormais investi de la dignité de chanoine, nous

ne laisserons pas de l'appeler l'abbé Goddard; il était tellement connu sous ce titre
qu'il semblerait n'être plus lui-même sous
tout autre.

———

IV

Quatre épisodes de sa vie.

VOYAGE A ROME.

Depuis longtemps, l'abbé Goddard avait
formé le projet de visiter la Ville sainte,
où reposent les restes vénérés des saints
apôtres Pierre et Paul, et de porter aux
pieds du Représentant de Jésus-Christ sur
la terre, l'hommage de son filial attachement. Sa foi réclamait cette satisfaction
d'une manière qui devenait chaque année
plus impérieuse. Il se disait souvent en
lui-même : « Ah ! si je pouvais contempler
une fois, de près ou de loin, les traits de
cet auguste vieillard, avant de quitter ce
monde, je ne serais pas moins heureux que
Siméon, qui put tenir entre ses bras le
Messie attendu depuis tant de siècles. Moi
aussi, je dirais à mon Dieu : « Seigneur,

vous pouvez, maintenant, laisser mourir en paix votre pauvre serviteur ; je n'ai plus rien à désirer ici-bas, *nunc dimittis servum tuum, Domine, secundum verbum in pace (Luc.,* II, 29). » D'autres, bien mieux que moi, accompliront la tâche qui m'a été dévolue. Que si, cependant, je puis encore être utile à votre gloire, je dirais toujours avec saint Martin de Tours : « Je ne refuse pas de travailler, *non recuso laborem* (Breviar., *officium S. Mart.*). »

L'abbé Goddard avait mille fois raison. Le pèlerinage de Rome doit marcher avant tous les autres ; car, si tous rappellent celui des enfants d'Abraham allant à Jérusalem, pour y offrir des sacrifices et pour y voir « le Dieu des dieux dans Sion, *videbitur Deus deorum in Sion (Ps.* LXXXIII, 8), » où, dans la Loi nouvelle, voit-on, mieux qu'à Rome, la Sion actuelle du Christ, « Dieu des dieux, » de la terre et du ciel, à Rome, la Ville éternelle, parmi les cités qui toutes disparaissent successivement de la surface de la terre !

L'année 1862 le servit admirablement, pour le récompenser sans doute de l'accomplissement héroïque de son apostolat depuis 1856. C'était la huitième année après

la définition du dogme de l'Immaculée-
Conception, et Rome allait donner au monde
le spectacle d'une solennité grandiose,
malgré les épreuves qu'elle subissait depuis trois ans, par suite de la fatale guerre
d'Italie, durant laquelle avait commencé
la spoliation du Saint-Siège. Au milieu des
passions de toute espèce soulevées contre
elle, la Papauté, restant calme et immobile,
comme un rocher au milieu de la tempête,
se préparait à exécuter une œuvre de la
paix la plus sérieuse ; au moment où le
Pasteur des pasteurs semblait abandonné
de ses ouailles, où la fortune humaine le
trahissait, où l'ingratitude l'enveloppait, où
la politique des sages d'ici-bas le livrait à
la dérision des insensés, il allait faire éclater, à la face des nations, la puissance de
l'Eglise romaine, catholique et apostolique,
en même temps que l'étroite union qui
règne entre son chef suprême et son clergé,
à tous les degrés de la hiérarchie.

C'est dans ce but qu'il avait convoqué
l'épiscopat pour la cérémonie de la canonisation de vingt-six bienheureux, marty-
risés au Japon, à la fin du XVIe siècle,
5 février 1597, et de Michel de Sanctis,
confesseur, prêtre profès de la Réforme

des Trinitaires déchaussés de la Rédemption des captifs, cérémonie qui fut célébrée
aux fêtes de la Pentecôte, les 8 et 9 juin.

Un concours prodigieux de pèlerins répondit à son appel. Malgré l'abstention
forcée des prélats italiens, qui protestèrent
au nombre de près de quatre-vingts, que
la violence seule avait pu les retenir, trois
cent vingt-trois cardinaux, patriarches,
archevêques et évêques, plus de quatre
mille prêtres ou religieux, parmi lesquels
se trouvait l'abbé Goddard, et plus de deux
cent mille fidèles étrangers à Rome y
furent réunis. Dans plusieurs diocèses,
des curés, trop pauvres chacun en particulier, pour les frais du voyage, s'étaient
cotisés pour envoyer quelques-uns d'entre
eux au nom de tous. Les nombreux na-
vires se dirigeant sur Civita-Vecchia res-
semblaient à autant de couvents locomo-
biles; ils se détachaient des ports de
France, d'Espagne, d'Italie, en invoquant
l'Etoile de la mer : « *Ave, maris stella,* »
et des masses de peuple leur répondaient
du rivage; car les cœurs de tous partaient
avec eux. Et c'est ainsi qu'un mot, un désir
avait suffi à Pie IX pour attirer autour de
lui les représentants de l'Eglise dans tout

l'univers, heureux de l'entourer de leur
respect, de leur vénération, de leur amour.

La canonisation des saints est une institution qui a ses racines dans les dogmes
catholiques et les sentiments sociaux. Bien
que surnaturelle dans son principe, dans
son objet et dans son but, elle tient, sous
un autre rapport, à une loi qui régit toute
société civilisée. Chaque grande nation
glorifie d'une manière authentique ses
héros. Leurs tombeaux sont honorés, leurs
noms sont inscrits dans les fastes publics,
quelquefois même sur des arcs de triomphe; les poésies redisent ce qu'ils ont fait
de plus remarquable; la peinture traduit
dans son langage une partie de leur histoire et l'on cherche à leur donner par des
statues de marbre ou d'airain une sorte
de présence perpétuelle, au milieu de leurs
concitoyens.

Lorsque cette glorification ne se trompe
pas dans son objet, elle est, par rapport
au passé, un juste hommage de reconnaissance pour les services rendus et, pour
l'avenir, une exhortation à imiter de beaux
exemples. Elle serait marquée d'un triste
signe de décadence, la nation chez laquelle
s'éteindraient les sentiments qui inspirent,

comme dit Benoît XIV, ce culte humain, cette espèce de canonisation civile ; elle se placerait en dehors d'une loi sociale.

Transportons maintenant cette loi dans une sphère supérieure ; faisons-la passer de l'ordre de la nature dans l'ordre de la grâce, nous avons la canonisation des saints. L'Eglise a ses héros ; elle sait les reconnaître dans l'humilité d'une vie obscure comme dans l'éclat des grandes actions, dans les camps comme dans les ateliers, sous la pourpre comme sous la bure. Elle leur donne la gloire qu'ils n'ont pas cherchée. Elle inscrit leurs noms dans le livre sacré qui contient les prières du grand et unique Sacrifice de la Loi nouvelle qu'elle offre en tous lieux. Des temples, où la piété allume chaque jour des flambeaux devant leurs images séculaires, sont placés sous leur invocation. Sur tous les points de la terre, on chante des hymnes à leur louange et, pour comble d'honneurs, leur tombeau est un autel. Ajoutons que la gloire, que l'Eglise a une fois consacrée, est aussi durable qu'elle est universelle. Dans nos édifices religieux du XIXᵉ siècle, à côté des chapelles où l'on vénère les saints les plus récents, on en voit d'autres qui sont dédiés à des martyrs du premier siècle.

Certains écrivains protestants ont voulu assimiler les canonisations catholiques aux apothéoses païennes. Nous n'avons pas besoin d'insister ici sur l'opposition radicale qui existe entre le culte sans limites déterminées que l'ancienne Rome rendait aux hommes qu'elle avait divinisés et le culte relatif que Rome chrétienne rend aux serviteurs de Dieu qu'elle a glorifiés.

Deux autres différences caractéristiques donnent la mesure de l'intervalle qui sépare, sous ce rapport, le monde païen du monde catholique.

D'abord dans la Rome des Césars, « les honneurs célestes », comme dit Tacite, n'étaient point accordés à des hommes privés ; ils n'étaient décernés qu'à des empereurs ou à des femmes de leur famille. C'était une prolongation du trône au-delà de la tombe. L'apothéose reposait donc sur l'idée d'un privilège renfermé dans l'enceinte du palais impérial. La canonisation des saints, au contraire, est l'expression de l'égalité des hommes devant Dieu, sauf la différence des mérites personnels. Toutes les inégalités terrestres disparaissent dans cette gloire. L'esclave Vital, qui reçut, dans la persécution de Dioclétien, la couronne du martyre, est honoré comme Domitille, nièce de Titus et de Domitien. De nos jours, l'image de l'humble bergère de Pibrac brille près des monuments commémoratifs de l'impératrice Hélène, et le procès pour la canonisation de la princesse de Savoie, reine de Naples, est venu après celui du pauvre Benoît Labre.

Puis, l'apothéose qui courtisait la puissance ne s'embarrassait guère d'être une distinction pour la vertu, et, si elle était décernée de temps en temps à des hommes qui avaient des droits à la reconnaissance publique, elle avait la prétention de faire tomber aussi la gloire du ciel sur des êtres qui étaient l'opprobre du genre humain. Cette promiscuité pervertissait le sens moral, autant qu'il est épuré par les exigences sévères de la canonisation, qui fait ses choix parmi les âmes d'élite. Voulons-nous savoir, par un simple rapprochement, jusqu'à quel point ces institutions diffèrent ? Mettons seulement en regard les noms de saint Louis et de l'empereur Claude, de sainte Elisabeth de Hongrie et de Drusille, la digne sœur de Caligula. Le temple qui rappelle la déification de l'odieuse femme d'Antonin se voit encore près de l'ancienne voie sacrée ; il a tout près de lui, d'un côté, l'église de sainte Martine, qui donna son sang pour la foi, et, de l'autre, celle de sainte Françoise, qui sacrifia sa vie à l'abnégation et à la charité. De pareils contrastes en disent plus que de longues pages. Avouons qu'un des grands bienfaits du Christianisme, c'est d'avoir détrôné l'apothéose par la canonisation.

Ce rit si édifiant et si salutaire, qui, dans le cours des âges, s'est développé sous différentes formes, vint donc consacrer l'année 1862, où la foi et la piété avaient tant besoin de consolations, et en fit une des dates les plus mémorables des Annales ecclésiastiques. La glorieuse liste, en tête de laquelle figure, depuis dix-huit siècles, le nom du protomartyr saint Étienne s'enrichit, cette année-là, de nouveaux noms bien dignes de nos hommages et, pourtant, peu vivants, alors, dans nos souvenirs. Le monde entier sentit l'admirable à-propos d'une pareille solennité, au milieu des orages et des luttes du temps présent. C'était tout à la fois rappeler à chacun son devoir, ranimer le courage de tous, aiguillonner le zèle, raviver et affermir la foi, exciter et nourrir les saintes espérances, enflammer la charité, pousser à ce que l'Apôtre appelle, le bon combat, *bonum certanem* (*II Tim.*, IV, 7). »

« Tandis que tous les efforts des ennemis
« du Catholicisme se dirigent vers Rome,
« pour renverser ce dernier rempart de
« l'indépendance pontificale, Vous — s'é-
« criaient les évêques d'Italie dans une
« Adresse à Pie IX, en date du 24 mai 1862,
« — Vous, dans la paix sereine de votre
« esprit, vous appelez autour de vous, des
« plus lointaines régions du monde, tous
« les pasteurs de l'Eglise, afin de fortifier
« en eux le lien de l'unité qui doit les atta-
« cher au centre et d'inspirer à leur âme,
« par l'exemple des martyrs, le courage et
« la force de braver toutes les attaques.
« Tandis que l'Eglise est en butte à une
« guerre hypocrite et qu'elle est menacée
« peut-être de guerres ouvertes et plus vio-
« lentes, vous honorez ces champions qui
« l'ont exaltée par l'effusion de leur propre
« sang et vous exhortez les fidèles à suivre
« leur exemple. »

« C'est par un dessein très sage de la
« divine Providence, disait aussi le *Pro-*
« *moteur* de la foi, que la cause des mar-

« tyrs japonais, qui touche aujourd'hui à sa
« fin, est appelée à recevoir son couronne-
« ment dans ces jours néfastes, où le crime
« est arrivé à sa maturité et où il s'élève
« contre la foi du Christ. Dans un moment
« où les ennemis les plus acharnés de la
« religion emploient tous les efforts de leur
« perfidie pour arracher la foi des âmes
« pieuses, il sera opportun autant que beau
« de décerner les honneurs suprêmes de la
« canonisation à ces invincibles soldats de
« la sainte Eglise, qui, après les plus durs
« labeurs pour répandre la foi chrétienne
« dans tout le Japon, ont confirmé leur
« apostolat par le martyre, s'offrant à une
« mort affreuse qu'ils ont courageusement
« subie. Ce sera un bel exemple pour les
« chrétiens de notre temps, un exemple
« qu'ils pourront admirer et qu'ils s'effor-
« ceront d'imiter dans la mesure de leurs
« forces, de telle sorte qu'ils ne se laissent
« pas séduire par la ruse, ni effrayer par
« les menaces et qu'ils conservent toujours
« l'intégrité de leur foi. »

Voilà quel fut l'effet de la splendeur
donnée par le Souverain Pontife à la canonisation des martyrs japonais. Nos penseurs
à vues courtes et étroites s'étonnèrent que

Rome « *eut fait tant de frais pour quelques hommes morts obscurément sur la
croix*. » Mais, pour saisir la portée de ces
hommages, il faut comprendre ce que c'est
que verser son sang pour la vérité et, par
là même, quel est le prix de la vérité!
chose impossible aux hommes d'égoïsme,
d'erreur et d'iniquité; car, comme Pilate,
ils ne savent ce que c'est que la vérité,
« *quid est veritas* (*Joan.*, XVIII, 38). »

Du jour de l'Ascension à celui de la Pentecôte, Rome fut dans une fête perpétuelle.
Les préoccupations politiques étaient bien
loin; il n'y avait plus que des préoccupations religieuses. Les places publiques se
transformaient peu à peu en bivouacs. Les
contadini, les paysannes de la campagne
romaine avec leurs robes rouges, groupés
sur les marches des palais, sous les portails
des églises, y mangeaient et dormaient en
plein air. Pie IX, chaque fois qu'il passait
dans les rues, était l'objet de nouvelles
ovations; on remarqua surtout celle qui lui
fut faite, la veille de la Pentecôte, par le
clergé et par les artilleurs français. Mgr
Berteaud, évêque de Tulle, Mgr Dupan-
loup, d'autres évêques encore, prenant la
parole devant des multitudes immenses,

produisirent une émotion dont les incrédules avaient peine à se défendre.

Le 6 juin, Pie IX lui-même prêcha dans la Chapelle Sixtine, d'abord en latin, puis en français, devant un auditoire compact, presque uniquement composé de prêtres. L'assemblée frémissait de sympathie; le respect seul l'empêchait d'éclater. Après la bénédiction donnée par le Saint-Père, un prêtre eut l'heureuse inspiration d'entonner la prière liturgique : « *Oremus pro Pontifice nostro Pio,* prions pour notre Pontife Pie!* » et l'assistance répondit comme un seul homme : « Que Dieu le conserve et le vivifie, qu'il le rende heureux sur la terre et qu'il ne le livre pas à ses ennemis! » Trois fois, cette invocation fit monter au ciel ce vœu suprème et cette espérance de la chrétienté.

« Nous parcourions notre Rome, en
« l'embrassant d'un cœur filial, raconte
« Louis Veuillot, qui s'y trouvait, et si
« nous venions à penser qu'on voulait nous
« la ravir, nous éprouvions plutôt un mou-
« vement de colère qu'une impression d'ef-
« froi... Nous allions d'un sanctuaire à un
« autre, nous informant des lieux où passe-
« rait Pie IX, pour nous prosterner devant

« le fort de Sion. « Non, non, s'écriait un
« évêque, au sortir de l'audience du Saint-
« Père, non, cela n'est pas vrai, cela n'est
« pas possible ! Ne croyez pas qu'il existe
« des Victor-Emmanuel, des Garibaldi, des
« Rattazzi ! Il ne se peut qu'un pareil hom-
« me ait des ennemis! »

Le 8 juin, jour de la Pentecôte, on savait que la basilique de Saint-Pierre s'ou-
vrirait à cinq heures du matin. Pendant
toute la nuit, la foule encombra les rues
voisines, et, quand les portes furent ouvertes, la nef si large, si profonde, fut
remplie en quelques minutes : Les *zouaves*
pontificaux formaient la haie à l'intérieur;
le corps diplomatique, la famille royale de
Naples et d'autres personnages distingués
de tous les pays remplissaient les tribunes;
l'infanterie française était massée sur la
place.

Lorsque le Saint-Père parut, précédé du
clergé, des bannières des bienheureux qui
allaient être canonisés, des prélats et des
cardinaux coiffés de mitres blanches, on
oublia, pour un instant, tout le reste du
spectacle. Il s'avançait lentement, assis sur
la *sedia gestatoria,* que portaient douze
serviteurs en manteaux rouges. La tiare

rehaussait son port majestueux ; sa main
gauche, recouverte d'un voile de soie et
d'or, tenait un cierge allumé ; sa droite
était libre et se levait de temps en temps
pour bénir.

Ici, il faut laisser parler le correspondant
du *Times,* le plus important des journaux
protestants d'Angleterre, dans le domaine
politique, et aussi le plus orangiste, ou
anticatholique. Il était chargé de faire le
récit de cette fête inoubliable ; et, malgré
ses préjugés, il se laissa gagner par l'émotion générale : « Il est impossible, dit-il,
« de vous décrire l'impression que la pré-
« sence du Souverain Pontife causa à cette
« immense assistance, formée de fidèles
« venus de tous les points du monde, pour
« voir et vénérer le successeur de saint
« Pierre, l'organe visible du Saint-Esprit,
« celui pour lequel ils ont appris à prier,
« dès l'âge le plus tendre, aux genoux de
« leurs mères. Le Saint-Père ! le Saint-
« Père ! s'écrient les prêtres français en se
« levant ; il Santo-Padre ! s'écrient les Ita-
« liens. Les Allemands, les Espagnols, les
« Grecs, les Anglais, les Américains, tous
« font éclater le même enthousiasme, cha-
« cun dans leur langue nationale. Plon-

« geant du regard par dessus cet océan de
« têtes placées entre la procession et moi,
« je vis que tout le monde s'inclinait et
« tombait à genoux sur le passage du doux
« et bon Pie IX, car il n'est que juste de
« l'appeler ainsi. Les chœurs du Vatican
« chantaient l'antienne : « *Tu es Petrus,* »
« et leurs voix célestes, affaiblies par la
« distance, s'étendaient dans l'édifice com-
« me des esprits. Un autre groupe chanta
« ensuite l'hymne « *Ave maris, Stella,* »
« et c'est ainsi que le Pape fut porté, à
« travers cinquante mille fidèles jusqu'au
« grand autel, élevé sur le tombeau de
« saint Pierre. Là, il descendit pour s'age-
« nouiller aux pieds des reliques du prince
« des Apôtres et fut de nouveau porté jus-
« qu'à l'abside de l'église, où, assis sur un
« trône magnifique, il reçut les hommages
« de tous les prélats présents : d'abord,
« des cardinaux, qui s'avancèrent vers lui,
« pour lui baiser les mains ; puis, des
« patriarches, archevêques et évêques, qui
« baisèrent ses genoux, et, après eux, des
« abbés mitrés et d'autres personnages
« d'un rang distingué, qui eurent l'honneur
« de baiser son pied. »

« Cette scène est indescriptible pour le

« coup d'œil et pour l'impression générale. .

« Mais voici le moment où va commencer

« la cérémonie, but de toute cette pompe

« inaccoutumée. Le cardinal Promoteur

« s'approche du Pape et lui demande hum-

« blement que les bienheureux martyrs

« soient inscrits au catalogue des Saints.

« Sa Sainteté répond que c'est là une chose

« si sérieuse qu'Elle a besoin de se recueillir

« et d'implorer l'assistance d'en-Haut,

« dans une fervente prière, avant de se

« prononcer. Les chœurs chantent, alors,

« le *Kyrie eleison* et les Litanies des

« Saints, et chaque invocation, répétée par

« des milliers de voix produit sur moi,

« comme sur tout ce qui a au cœur un peu

« de sentiment, un effet électrique, que je

« n'ai jamais éprouvé de ma vie. »

« Après le chant des Litanies, le cardinal

« Promoteur s'avance une seconde fois et

« renouvelle sa supplique, à l'effet d'ob-

« tenir la canonisation des bienheureux :

« *instanter, instantius*. Le Pape hésite

« encore et demande à l'assemblée de plus

« ferventes prières, avant de se déterminer

« à un acte aussi important. Alors, tout

« le monde se recueille et l'on commence

« à chanter le *Veni creator,* qui est con-

« tinué par une foule innombrable. L'effet
« produit par tant de milliers de voix exé-
« cutant à l'unisson cette hymne déjà si
« imposante par elle-même et résonnant
« jusqu'au plus haut de la grande coupole
« de Michel-Ange, est si puissant et, en
« même temps, si doux et si pénétrant, que
« j'ai beaucoup de peine à maîtriser mon
« émotion et à retenir mes larmes. »

« Le cardinal Promoteur se présente
« une troisième fois et supplie Sa Sainteté
« de lui accorder la grâce de la canonisa-
« tion des martyrs, en se servant de ces
« expressions : *instanter, instantius,*
« *instantissime,* et, enfin, le Pape lui ré-
« pond qu'éclairé par un rayon de la lumière
« divine il est décidé à enrôler les bien-
« heureux au catalogue des Saints. Puis,
« après un moment solennel de recueille-
« ment, il rend le décret et prononce la
« formule : *decernimus...*

« Bientôt la nouvelle sort de l'enceinte
« de la basilique et se répand dans la ville
« et dans le monde, *urbi et orbi,* par le
« canon du château Saint-Ange, par le son
« des cloches de toutes les églises de Rome,
« et le Saint-Père, entonne lui-même de
« sa belle et vibrante voix le chant du *Te*

« *Deum,* poursuivi aussitôt par la multi-
« tude avec un tel ensemble qu'il semble
« soutenu et dirigé par quelque invisible
« coryphée descendu du ciel.

« A ce moment, tous les cœurs sont
« envahis par un mystérieux et irrésistible
« attendrissement et comme absorbés par
« un seul sentiment : celui de la joie et de
« la reconnaissance, exprimé par la su-
« blime et ancienne hymne de saint Am-
« broise... La Grand'messe est ensuite
« célébrée par le Souverain Pontife et on
« lui présente, à l'offrande, des tourterelles
« et de petits oiseaux... Mais, oublions un
« instant tout le pompeux appareil de cette
« cérémonie pour en étudier l'effet. Il est
« certain qu'un chœur composé d'un nom-
« bre considérable d'exécutants est toujours
« beau à entendre. Mais, quand on sait
« que ce chœur, comparable au tonnerre
« par la force et la majesté, renferme des
« milliers de voix venues de toutes les
« parties du monde et exprimant à l'unis-
« son la même foi et les mêmes pensées ;
« quand on l'entend dans un monument
« qui est un miracle de l'art, dans une
« langue d'une douceur céleste et consacrée
« par la plus vénérable antiquité et, ce

« qui est plus encore, par la sympathie et
« par les souvenirs les plus saints des âmes
« fidèles, il n'y a pas de plume qui puisse
« rendre l'effet qui en résulte. Ah! ils se
« font bien illusion ces gens qui croient
« pouvoir abattre, à coups de pamphlets,
« une religion qui a su pénétrer si avant
« dans les cœurs! Ils accusent une grande
« ignorance, ces insensés qui osent prédire
« à leurs enfants et à leurs petits enfants,
« qu'ils sont appelés à voir tomber une
« Eglise dont les fondements reposent sur
« les couches accumulées des siècles. »

« Sur la frise de la coupole de Saint-
« Pierre, resplendit la promesse du Fils
« de Dieu, écrite en lettres d'or : « Tu es
« Pierre, et sur cette pierre je bâtirai mon
« Eglise, et les portes de l'enfer ne pré-
« vaudront point contre elle, *tu es Petrus,*
« *et super hanc petram ædificabo Eccle-*
« *siam meam, et portæ inferi non præ-*
« *valebunt adversùs eam (Matth.,* XVI,
« 18). »

« La place était couverte de monde, et
« l'on aurait dit le rendez-vous du genre
« humain attendant la bénédiction du vi-
« caire de Jésus-Christ, qui devait cou-
« ronner cette mémorable cérémonie. »

La foule passa le reste de la journée
dans cette allégresse pieuse, rayonnante
expansive, mais calme et fraternelle, dont
le peuple des autres capitales n'a aucune
idée.

L'abbé Goddard, dont nous venons de
résumer les impressions de cette partie de
son voyage à Rome, était un *dilettante;*
il avait ce qu'on appelle en Esthétique
« le sixième sens, » le sens du beau : quels
transports de sainte allégresse ne dut-il
pas avoir dans une si belle fête !

Les démonstrations du lendemain, 9 juin,
furent aussi belles, plus belles peut-être et
plus significatives, quoique non entourées
du même éclat extérieur. Un consistoire
semi-public eut lieu dans le palais du Vatican ; tous les évêques y assistèrent. Là, le
successeur de saint Pierre dénonça au
monde certaines erreurs toujours anciennes
et toujours nouvelles, mais particulièrement répandues dans les temps présents.
Il fit allusion à la prétendue critique allemande qui traite nos Livres Saints de my-
thologie, et au trop fameux roman qu'il a
plu à un français, M. Renan, d'intituler :
Vie de Jésus. Il flétrit le matérialisme, le
panthéisme, le naturalisme et tous ces

systèmes plus ou moins abrutissants, qui nient la liberté humaine, proclament la morale indépendante des lois de Dieu, font dériver de la force matérielle ou du nombre tout droit et toute autorité et divinisent la raison en philosophie, l'Etat en politique et la chair dans la pratique journalière. Il remercia ensuite les évêques, regretta l'absence de ceux de Portugal et d'Italie, ces derniers retenus, malgré eux, par le gouvernement piémontais, et les adjura tous de continuer à combattre l'erreur, à détourner les yeux et les mains des fidèles des mauvais livres et des mauvais journaux, à promouvoir, sans se lasser, l'instruction du clergé et la bonne éducation de la jeunesse. Il termina, d'une voix pleine de larmes et les yeux levés vers le ciel, en s'unissant aux assistants, pour conjurer le Père des miséricordes, par les mérites de Jésus-Christ, son Fils unique, de tendre une main secourable à la société chrétienne et civile et de rendre la paix à son Eglise.

A ces graves paroles de son Chef, l'épiscopat répondit par l'organe du cardinal Mattei, doyen du Sacré-Collège. Trois points, entre autres, furent affirmés dans sa déclaration :

D'abord, la suprême autorité doctrinale et l'infaillibilité du Pontife romain :

« Vous êtes, pour nous, le maître de la
« saine doctrine ; vous êtes le centre de
« l'unité ; vous êtes le fondement de l'E-
« glise elle-même, contre laquelle les portes
« de l'enfer ne prévaudront point. Quand
« vous parlez, c'est Pierre que nous enten-
« dons ; quand vous décrétez, c'est à Jésus-
« Christ que nous obéissons. Nous vous
« admirons au milieu de tant d'épreuves
« et de tempêtes, le front serein, le cœur
« imperturbable, accomplissant votre mi-
« nistère sacré, invincible et debout. »

Puis, la souveraineté temporelle du Saint-Siège :

« Nous reconnaissons que votre souve-
« raineté temporelle est une nécessité et
« qu'elle a été établie dans un dessein
« manifeste de la divine Providence. Nous
« n'hésitons pas à déclarer que, dans l'état
« présent des choses humaines, cette souve-
« raineté temporelle est absolument re-
« quise pour le bien de l'Eglise et le libre
« gouvernement des âmes. Il faut que le
« Pontife suprême ne soit ni le sujet, ni
« même l'hôte d'un prince ;... il faut au
« centre de l'Europe un lieu sacré, placé

« entre les trois continents du vieux
« monde, un siège auguste, d'où s'élève
« tour à tour, pour les peuples et pour les
« princes, une voix grande et puissante, la
« voix de la justice et de la vérité, impar-
« tiale et sans préférence, libre de toute
« influence arbitraire et qui ne puisse être
« ni comprimée par la terreur, ni circon-
« venue par les artifices. Comment eût-il
« pu se faire, en ce moment même, que les
« prélats de l'Eglise, arrivant de tous les
« points de l'univers, pussent venir ici
« pour y représenter tous les peuples et
« conférer en toute sécurité des plus graves
« intérêts, s'ils eussent trouvé un prince
« quelconque dominant sur ces bords, qui
« eût eu en suspicion leurs propres princes,
« ou qui eût été suspecté par eux à cause
« de son hostilité? Alors leurs devoirs de
« citoyens auraient pu s'opposer à leurs
« devoirs d'évêques... »

Enfin, l'union étroite du monde catholique avec le Pape :

« Nous condamnons les erreurs que vous
« condamnez; nous réprouvons les sacri-
« lèges, les violations de l'immunité ecclé-
« siastique et les autres forfaits commis
« contre le siège de Pierre. Et, cette pro-

« testation, dont nous demandons l'inser-
« tion dans les fastes de l'Eglise, nous la
« proférons, en toute sincérité, au nom de
« nos frères qui sont absents ; au nom de
« ceux qui, retenus chez eux par la force,
« pleurent et se taisent ; au nom de ceux
« qui, retenus par de graves affaires ou
« par l'état de leur santé, n'ont pu se join-
« dre à nous dans ce lieu. Nous joignons à
« nous le clergé et le peuple fidèle, qui
« vous prouve son amour et sa vénération,
« tant par ses prières assidues que par les
« offrandes du Denier de saint Pierre...
« Plût à Dieu que tous les rois et tous les
« puissants du siècle comprissent que la
« cause du Souverain-Pontife est la cause
« de tous les Etats !... Plût à Dieu qu'ils
« s'entendissent pour mettre en sécurité
« cette cause sacrée de l'univers chrétien
« et de l'ordre social !... »

Pie IX répliqua :

« ... Unis comme nous le sommes, Véné-
« rables Frères, il est manifeste que le
« Dieu de paix et de charité est avec nous.
« Et, si Dieu est avec nous, qui sera contre
« nous ? Louange donc, honneur et gloire
« à Dieu ! A vous, paix, salut et joie ! Paix
« à vos cœurs ; salut aux fidèles commis

« à vos soins ; joie pour vous et pour eux,
« afin que vous exultiez avec les saints,
« chantant un cantique nouveau dans la
« Maison du Seigneur, pendant les siècles
« des siècles ! »

L'Adresse, lue par le cardinal Mattei, portait les signatures de tout l'épiscopat présent à Rome. Les évêques d'Italie s'empressèrent d'y adhérer, à l'exception d'un seul, celui d'Ariano, qui avait trempé dans le mouvement révolutionnaire et qui mourut malheureusement dans l'année.

D'autres adhésions arrivèrent de tous les points du globe, et d'innombrables adresses du clergé secondaire s'y adjoignirent. Quant aux simples fidèles, ils firent à leurs évêques, à leur retour, de véritables triomphes. On les entourait, on les portait en quelque sorte jusque dans la chaire de leurs cathédrales, pour écouter le récit de ce qui venait de se passer à Rome. Chaque prélat semblait être devenu plus cher à son troupeau, depuis qu'il avait respiré l'air de Rome, qu'il avait prié au tombeau des Apôtres et qu'il s'était agenouillé aux pieds de l'auguste persécuté. L'évêque de Moulins, Mgr de Dreux-Brézé, résuma d'une manière admirable, dans cette occasion,

les impressions communes des pèlerins :
« Rome est une ville de merveilles, dit-il ;
mais la merveille de Rome, c'est Pie IX. »

Après l'allocution · pontificale et la réponse des évêques, Rome fut encore témoin d'un spectacle d'une suavité ineffable et peut-être inouï jusque-là dans
l'Eglise : Pie IX partagea avec ses frères
les cardinaux, archevêques et évêques, un
modeste repas dans une des salles de la
bibliothèque vaticane. Il récita le *Benedicite*, comme Père de la grande famille
apostolique, et chacun s'assit à la place qui
lui avait été indiquée d'avance. On ne saurait peindre la simplicité, la dignité, l'amabilité, la joie douce et réservée, le mélange
inexprimable de majesté et de bonté, d'autorité et de familiarité de ces agapes
chrétiennes.

Après le repas, le Souverain-Pontife,
accompagné de ses nobles convives, descendit dans les jardins du Vatican, où il
s'entretint, toujours comme un bon père,
avec les membres du Sacré-Collège et de
l'épiscopat, passant de l'un à l'autre et ayant
pour tous les plus gracieuses paroles.

L'abbé Goddard n'assistait que de cœur
à cette réunion réservée à l'épiscopat ;

mais il n'en inscrivit pas moins dans ses
« souvenirs » l'histoire authentique.
« Combien devait être beau, dit-il, le
« spectacle du Saint-Père, oubliant toute
« étiquette, se promenant ainsi entouré
« et pressé de tous côtés par les cardi-
« naux, les archevêques, les évêques de la
« chrétienté presque tout entière ! »

« Après que le Pape eut répondu à tous
« et accordé les grâces et les faveurs spiri-
« tuelles que chacun sollicitait pour son
« troupeau, il se passa quelque chose de
« ravissant. Cardinaux, patriarches, arche-
« vêques et évêques, animés d'une même
« pensée et d'un même amour, se précipi-
« tèrent vers le Saint-Père, se jetèrent à
« ses genoux et, tous confondus ensemble,
« ils lui embrassaient à l'envi, les uns les
« mains, les autres les vêtements, d'au-
« tres les pieds, lui protestant tous, les lar-
« mes aux yeux, avec une effusion sans
« pareille, de leur affectueux et inébran-
« lable attachement. Quelle leçon pour
« nous! les princes de l'Eglise, les chefs et
« les pasteurs des peuples, comme les der-
« niers des fidèles, aux pieds de Pierre !
« lui baisant les mains et les pieds, pro-
« clamant sa suprématie et reconnaissant

« en lui le Vicaire de Jésus-Christ, l'évêque
« des évêques, le Pontife suprème, *Sum-*
« *mus Pontifex.* »

« S'il n'a pas été donné à tous les hom-
« mes de pouvoir contempler une scène
« aussi grandiose dans sa simplicité, assu-
« rément les cieux se seront ouverts et les
« saints et les anges l'auront contemplée
« avec amour; car c'est une scène comme
« on n'en a jamais vu, digne de l'admira-
« tion du ciel et de la terre! »

Tels sont les grands traits du tableau si intéressant des fêtes de la canonisation des martyrs japonais, que l'abbé Goddard traça à plusieurs reprises devant ses divers auditoires de la Maison du Sacré-Cœur. Mais celui de ces auditoires qui en a le plus joui, c'est assurément celui des Sourdes-Muettes. Il était si heureux de leur faire comprendre les splendeurs de notre religion !

AMBULANCE ÉTABLIE AU SACRÉ-CŒUR, EN 1870.

La guerre franco-allemande de 1870 fut pour l'abbé Goddard une nouvelle occasion de déployer les qualités de son cœur; il montra plus que jamais sa charité sans bornes, auprès des victimes du terrible fléau qui furent admises dans l'ambulance des Dames du Sacré-Cœur.

On sait qu'alors Chambéry, bien qu'appartenant à la France depuis dix ans seulement, ne le céda à aucune autre ville de même importance en dévouement patriotique, pour secourir nos soldats malades et blessés. Les autorités administratives, les Ordres religieux d'hommes et de femmes, des associations constituées sur l'initiative des citoyens, rivalisèrent de zèle, pour créer en leur faveur, des infirmiers, des ambulanciers et des ressources de tous genres.

Dès le commencement de la guerre, un *Comité départemental de secours aux victimes de la guerre* fut nommé, par arrêté du Préfet de la Savoie, pour recueillir les offrandes en nature et en argent. Le 12 septembre, un nouvel arrêté institua une *Commission départementale* chargée spécialement de diriger les ambulances de la ville. Celles-ci étaient au nombre de trois principales :

L'ambulance des Hospices de Chambéry, ouverte le 12 novembre 1870 et fermée le

9 juin 1871. Elle comprenait 50 lits. Les malades y furent traités au nombre de 315 et soignés par le personnel administratif et les Sœurs de Saint-Vincent de Paul.

L'ambulance des RR. PP. Capucins, ouverte le 19 novembre 1870 et fermée le 18 avril 1871. Elle comprenait aussi 50 lits et servit, dès le mois de novembre, de succursale à l'Hôpital militaire. Plus tard une seconde ambulance fut ouverte pour 20 lits par ces dignes religieux, qui prodiguèrent aux malades les soins les plus intelligents et les plus assidus. Le nombre des militaires traités fut de 167.

L'ambulance de la Salle d'Asile, ouverte le 19 novembre 1870 et fermée le 24 avril 1871. Dès le début, les Dames de Marie, qui dirigeaient cet établissement, s'empressèrent d'ouvrir une infirmerie de 50 lits et fournirent une grande partie de la dépense. Les Sœurs de Saint-Joseph, assistées des Dames, sous la direction de Mme la Comtesse Eugène Costa de Beauregard, suffirent à tous les services, même au service pénible de veiller les malades pendant la nuit. Le nombre des lits fut porté plus tard à 90. L'ambulance traita 361 militaires, non compris ceux de passage.

Cinq autres ambulances secondaires furent établies plus tard :

L'ambulance de la Maison de St-Benoît, pour 10 lits. Les Sœurs de Saint-Vincent de Paul soignèrent les malades avec l'aide du personnel de la Maison. Du 7 février au 13 avril, elle reçut 20 militaires.

L'ambulance dite de la Gare, installée au rez-de-chaussée de la maison Mollard, desservie par les Sœurs de Saint-Joseph, les Dames de Marie et les Dames de la ville. Ouverte le 31 janvier 1871 et fermée le 31 mars 1871, elle reçut, dans cette période, 452 militaires.

L'ambulance du Pensionnat des Frères de la Doctrine chrétienne de La Motte-Servolex, qui reçut 90 militaires.

L'ambulance ouverte par M. le Comte Ernest de Boigne dans son château de Buisson-Rond, pour 6 lits. Elle reçut 11 militaires, aux frais du Comte, fidèle à la munificence traditionnelle de sa famille.

Enfin l'ambulance des Dames du Sacré-Cœur, ouverte pour 10 lits. 21 militaires y furent soignés du 7 février au 1er avril.

Selon le général Borson (*Compte-rendu, pour le Comité départemental de la Savoie, de la Société de secours aux blessés des Armées de terre et de mer.* — 8 mai 1894), président du Comité départemental de la Savoie pour *La Croix-Rouge française,* « son organisation et sa tenue étaient parfaites. Les Religieuses subvinrent à tout, dispensant de leurs mains charitables et avec leur bonté connue, les secours matériels et les consolations morales et religieuses. »

Celles-ci, assurément, ne firent défaut dans aucune des autres ambulances de la ville. Mais il n'est pas possible qu'elles aient été plus abondantes que dans celle du Sacré-Cœur, grâce surtout à la présence de l'abbé Goddard.

Il les voyait souvent et devint bientôt leur meilleur ami. Il écrivait leurs correspondances, s'enquérait minutieusement de tout ce qui les intéressait et, tout en respectant les ordonnances tracées par la science médicale, il savait leur procurer des douceurs de tous genres, fort bien adaptées au régime du troupier.

Cependant quelques-uns de ces convalescents, qui traînaient, depuis les funestes journées de Sedan et de Metz, un corps moulu par les fatigues, les privations et les souffrances, n'acceptaient pas tant de bonnes choses sans quelque appréhension. L'un disait à ses camarades de droite et de gauche : Tout ça est bien, mais ça finira peut-être par nous coûter cher... Ça n'est pas une boîte ordinaire : qui sait si l'on ne nous fera pas bientôt chanter vêpres,... si l'on ne nous enverra pas bientôt à confesse ! — Ah bah ! disait l'autre... Ça, c'est une question à part. Laissons-les faire. En attendant, ça ne va pas si mal. — Tous ces propos et d'autres, plus ou moins conformes à l'esprit de la Maison du Sacré-Cœur, ne découragèrent pas le moins du monde leur entourage dévoué. L'ingénieuse charité de ces Dames ne les prenait pas en mauvaise part, et l'abbé Goddard, loin de s'en offenser, leur faisait toutes les concessions conciliables avec les principes de la religion, ce qui établit entre eux et lui la plus sincère et la plus vive affection.

Cette année-là, la fête de Pâques tombait le 13 avril et la sainte Quarantaine commençait le 14 février. Certes, si l'abbé Goddard avait dans son cœur un désir, c'était bien celui de leur faire remplir le devoir pascal, avant leur départ. Mais il se garda bien de leur en parler directe-

ment; il était trop habile dans l'art de
gagner les âmes à Dieu, pour compromettre sa compagnie spirituelle, en heur-
tant leur amour-propre et leurs préjugés.
Pour arriver à ses fins, il préférait prier
et faire prier le Sacré Cœur de Jésus,
maître de tous les cœurs, de pénétrer de
sa grâce ces cœurs dont il avait déjà fait
la conquête, au point de vue naturel. Sa
ferveur confiante ne fut pas déçue. Les
soldats lui demandèrent eux-mêmes, les
uns après les autres, la satisfaction de
faire leurs pâques avec lui, et pas un ne
quitta l'ambulance, sans s'être approché
de la Table sainte avec la piété qu'il avait
eue au beau jour de sa première communion.

Le 19 mars, fête de saint Joseph, et le
25 de ce même mois, fête de l'Annoncia-
tion, qui les réunirent en plus grand nombre aux pieds de l'autel, pour recevoir la
sainte Hostie, touchèrent profondément la
Communauté et firent couler bien des larmes d'attendrissement.

Voici l'analyse d'une vibrante allocution
que l'abbé Goddard prononça avant la
communion de la fête de saint Joseph :

« *Domine, non sum dignus ut intres*

« *sub tectum meum, sed tantum dic*
« *verbo et sanabitur anima mea,* Sei-
« gneur, je ne suis pas digne de l'honneur
« que vous daignez me faire, en entrant
« dans ma maison, mais dites seulement
« un mot et mon âme sera guérie (*Matth.*,
« VIII, 8). »

« Chers enfants, c'est dans l'Evangile
« de saint Mathieu que nous lisons ces
« paroles, que la Liturgie catholique met
« sur les lèvres du prêtre, quand, vers la
« fin du saint sacrifice de la Messe, il va
« recevoir et donner aux autres le corps,
« l'âme et la divinité de Notre Seigneur
« Jésus-Christ. Elles rappellent un grand
« miracle opéré par le divin Maitre, à
« Capharnaüm, sur les bords du lac de
« Génésareth, au profit d'un malade, ser-
« viteur d'un centurion de Rome, qui
« commandait le détachement de légion-
« naires, établi dans cette ville. »

« D'ordinaire, lorsqu'un serviteur, par
« sa fidélité, son dévouement, son caractère
« doux, affectueux et discret, a mérité
« d'être admis dans l'intimité de la famille,
« on s'attache à lui comme à un parent.
« En se préoccupant de nos besoins maté-
« riels, s'il a une âme sympathique et assez

« élevée, il finit par s'associer comme
« naturellement à nos sollicitudes morales.
« Peu à peu, il semble prendre en quelque
« sorte place dans notre vie, tout en con-
« tinuant, dans la parfaite conscience de
« son infériorité, à prouver qu'une sotte
« vanité ne le rend pas indigne de l'affec-
« tion qu'on lui témoigne. Sa mort prend
« les proportions d'un malheur de famille.
« Avec lui, nous perdons un secours qui
« ne sera pas facilement remplacé. C'est
« ce qui explique les angoisses du centu-
« rion, qui voyait son bon serviteur atteint
« de paralysie et sur le point de mourir.
« Du reste, dans ce temps-là, de pareils
« sentiments d'humanité étaient bien rares.
« Qui ne sait ce qu'était l'esclave dans
« l'antiquité? qui ne sait qu'il était regardé
« comme « une machine à voix humaine,
« *instrumenti genus vocale* (VARRON,
« *de Re rustica*, I, 17), une sorte de bête
« de somme, qu'on ménageait, uniquement
« pour en tirer de plus longs services, *ser-*
« *vus vel animal aliud* (ULPIEN, *au Di-*
« *geste*, VI, I, 15, § 3). »
« Toutefois l'officier dont il s'agit nous
« apparaît veillant et pleurant au chevet
« de son serviteur; car, dit saint Luc, « il

« l'aimait beaucoup, *illi erat pretiosus,*
« (*Luc.*, VII, 2). »

« Or, il avait entendu parler de Jésus;
« la guérison du fils d'un autre centurion,
« la résurrection de la fille de Jaïre, d'un
« paralytique, de l'homme à la main des-
« séchée et tant d'autres prodiges lui ins-
« piraient de la confiance. »

« Assurément, s'il eut été juif, il n'eût
« pas hésité à recourir à cet illustre Thau-
« maturge, pour obtenir la guérison de son
« malade; mais, sa qualité de païen lui
« faisant craindre de ne pas être exaucé, il
« se tourna vers les anciens du peuple et
« leur demanda d'intercéder pour lui. Ces
« personnages, s'organisant en députation
« régulière, vinrent donc supplier le divin
« Sauveur de se rendre chez l'officier. Ils
« mettaient en avant « et le dévouement de
« cet étranger pour la nation juive et son
« respect pour Jéhovah, puisqu'il avait
« bâti à ses frais une belle synagogue dans
« la cité, *diligit enim gentem nostram*
« *et synagogam ipse ædificavit nobis*
« (*Luc.*, VII, 5). » Jésus céda sur le champ
« à leur prière; j'irai, répondit-il, et je le
« guérirai, *ego veniam et curabo eum*
« (*Matth.*, VIII, 7). »

« Il les suivait, en effet, et approchait
« de la maison, quand le centurion en fut
« informé. La surprise du Romain fut
« extrême ; car il ne s'attendait pas à le
« recevoir, sachant qu'aux yeux des phari-
« siens c'était se souiller que d'entrer dans
« une maison païenne. Désireux d'épar-
« gner une telle disgrâce au prophète, il
« envoya de ses amis lui porter ce mes-
« sage : « Seigneur, ne vous dérangez pas
« pour moi, car je ne suis pas digne de
« l'honneur que vous daignez me faire, en
« entrant dans ma maison ; mais dites
« seulement un mot, et mon serviteur sera
« guéri (*Matth.*, VIII, 8). »

« C'était donner à des Juifs une leçon
« bien méritée ; car, tandis que les enfants
« d'Abraham, fiers de leurs titres à l'amitié
« de Dieu, se croyaient autorisés à traiter
« familièrement ses prophètes, le centu-
« rion, cet humble représentant de la gen-
« tilité, voyait au premier coup d'œil ce
« qu'il y avait d'inconvenant à mander
« Jésus pour un serviteur malade et, sur-
« tout, à lui proposer de venir dans la mai-
« son d'un païen. Alors, avec une franchise
« toute militaire, il déclara qu'il ne se
« sentait pas digne de recevoir quelqu'un

« de si distingué et que, s'il avait cru
« pouvoir sans indiscrétion lui adresser
« personnellement sa requête, jamais il ne
« se serait fait représenter.

« L'humilité de cet homme était grande
« et le sentiment de son infériorité profond ;
« mais, ce qui était plus grand encore, et
« plus profond, c'était sa foi. Il était con-
« vaincu qu'une simple parole tombant des
« lèvres de Jésus devait suffire pour ac-
« complir la guérison de son serviteur. Ce
« prophète incomparable n'avait-il pas
« prouvé cent fois qu'il était maître de
« toutes les forces de la nature ! »

« Lorsqu'il vit que Jésus s'avançait vers
« sa demeure, il alla au-devant de lui et
« se confondit en excuses, ne demandant
« encore pour toute grâce qu'un seul mot
« de sa bouche. Pour l'y amener, il fit un
« raisonnement, qui, par sa rondeur nette
« et originale, est digne d'un soldat : tout
« en n'étant moi-même qu'un simple subor-
« donné, dit-il, j'ai des hommes que je
« commande. Eh bien, je ne fais que dire
« à l'un : va là-bas, et il y va ; à l'autre :
« viens ici, et il vient ; à mon serviteur :
« fais cela, et il le fait, *et servo meo : fac
« hoc, et facit (Matth.,* VIII, 9). »

« Jésus, l'ayant écouté, fut dans l'admi-
« ration et, se tournant vers la foule qui
« le suivait : « En vérité, je vous l'affirme,
« lui dit-il, non, je n'ai pas encore trouvé
« une si grande foi, même en Israël
« (*Matth.,* VIII, 10). » C'est ainsi que par
« l'énergie de ses convictions la gentilité
« faisait pressentir son futur triomphe sur
« le judaïsme, et le juste Juge ne craignait
« pas de rendre publiquement hommage à
« qui le méritait. Puis, visant les Phari-
« siens orgueilleux, dont les agissements
« fomentaient autour de lui une opposition
« sourde et menaçante, parce qu'ils s'ima-
« ginaient le règne du Messie comme un
« banquet servi pour eux seuls et qu'ils
« aimaient à se représenter la confusion
« des gentils regardant de loin leur repas
« somptueux : sachez-le bien, ajouta-t-il,
« beaucoup viendront de l'Orient et de
« l'Occident s'asseoir au même banquet
« qu'Abraham, Isaac et Jacob, dans le
« royaume des cieux, tandis que les fils du
« royaume seront jetés dans les ténèbres
« extérieures, où il y aura des pleurs et
« des grincements de dents, *ibi erit fletus*
« *et stridor dentium* (*Matth.,* VIII, 12). »

« Puis, s'adressant au centurion : « Allez,

« lui dit-il, et qu'il vous soit fait comme
« vous avez cru, *vade, et sicut credidisti,*
« *fiat tibi, et sanatus est puer in illa*
« *hora (Matth.,* VIII, 13). »

« Chers enfants, au moment où Notre
« Seigneur Jésus-Christ va contracter avec
« vous l'union la plus intime, au point que
« vous pourrez dire avec saint Paul : « Je
« vis, mais ce n'est pas moi qui vis, c'est
« plutôt Jésus qui vit en moi, *vivo autem,*
« *jam non ego, vivit vero in me Chris-*
« *tus (Galat.,* II, 20), » vous devez vous
« pénétrer des sentiments qui remplissaient
« le cœur du centurion de Capharnaüm, et
« produire, avec toute la ferveur dont vous
« êtes capables, des actes de foi, d'espé-
« rance et de charité.

I. — « Les premiers de tous sont les
« actes de foi en la présence réelle de Notre
« Seigneur Jésus-Christ dans l'Eucharistie.
« De même que, autrefois, saint Augustin
« semblait réduire tous les commandements
« en un seul, lorsqu'il disait : « Aimez et
« faites ce que vous voudrez, *ama et fac*
« *quod vis,* » de même nous pouvons dire
« au pieux fidèle qui va communier :
« Croyez et faites ce que vous voudrez. »

« Croyez, et vous ne négligerez rien de
« tout ce qui convient à la dignité de cet
« auguste Sacrement ; croyez, et vous irez
« même au-delà de ce qu'on pourrait vous
« prescrire ; croyez, et vous éprouverez une
« sainte frayeur envers un Dieu tout-
« puissant, une douce confiance envers un
« Dieu infiniment bon et infiniment misé-
« ricordieux, une tendre charité envers un
« Dieu qui a poussé l'amour pour vous
« jusqu'à se faire votre aliment ; croyez,
« et, si vous croyez, il n'est pas possible
« que vous n'apportiez pas à la réception
« de l'adorable Eucharistie les dispositions
« les plus parfaites.

« Oui, la foi à tous les mystères est ad-
« mirable autant que nécessaire ; mais la
« sainte Eucharistie est appelée par excel-
« lence le « mystère de la foi, *mysterium
« fidei* » (can. Miss.), parce qu'elle est le
« comble de ce que Dieu peut obtenir de
« l'homme. Dans le mystère de l'Eucha-
« ristie, en effet, la raison s'étonne, les
« sens se révoltent ; mais la foi surmonte
« tous les obstacles que notre raison et nos
« sens peuvent opposer.

« La foi nous dit que ce Tabernacle est
« mille fois plus digne de notre respect et

» « de notre vénération que le temple de
» « Salomon, parce que ce n'est pas seule-
» « ment la majesté de Dieu, mais le Dieu
» « vivant lui-même qui y réside en subs-
» « tance.

« La foi nous dit que sous cette Hostie
» « visible à nos yeux corporels est caché le
» « Roi invisible et immortel de tous les
» « siècles. Arrière donc, pensées humaines!
» « arrière, vaine curiosité de l'Esprit! Eh
» « quoi! ô homme, qui n'est qu'un atome
» « imperceptible dans la création, tu vou-
» « drais donc embrasser l'océan! tu préten-
» « drais sonder la profondeur de ce mystère
» « et mettre des bornes à la toute-puissance
« de Dieu! tu oserais dire que Celui qui a
« bien voulu, autrefois, renfermer son
« immensité sous le voile de notre faible
« nature, sous la forme d'un petit enfant,
« qui a changé l'eau en vin aux noces de
« Cana, qui a tiré ce vaste univers des
« abîmes du néant, ne peut se renfermer
« sous les espèces d'un pain qui n'existe
« plus et changer cette nourriture vulgaire
« en une nourriture divine!

« Vous avez dit, ô mon Dieu; « ceci est
« mon corps, *hoc est corpus meum*
« (*Matth.*, XXVI, 26); ceci est mon sang,

« *hic est sanguis meus* (*Matth.*, XXVI,
« 28); » il ne m'en faut pas davantage ; je
« crois et j'adore. Je crois plus fermement
« que si je voyais de mes propres yeux ;
« car mes yeux peuvent se faire illusion,
« tandis que votre parole est infaillible.

« Chers enfants, excitez donc dans votre
« âme une foi vive, ferme, généreuse, qui,
« par l'ardeur lumineuse de ses sentiments,
« pénètre comme à travers le nuage de ce
« sacrement pour y découvrir son Dieu.
« Figurez-vous avec saint Grégoire (D.
« GREG., *Dial.*, lib. IV, c. 4), que, au mo-
« ment solennel où le prêtre prononce les
« paroles sacrées, vous voyez les cieux
« s'entr'ouvrir dans leur sublime magni-
« ficence et que Jésus-Christ en descend
« au milieu d'innombrables légions d'anges,
« dans toute la pompe de sa gloire.

« De ces sentiments de foi que vous de-
« vez apporter à la Table sainte découlent
« naturellement, comme un fleuve de sa
« source, des sentiments d'adoration, d'hu-
« milité et de contrition.

« 1º Comment croire d'une foi sincère
« des mystères comme celui que renferme
« la sainte Eucharistie sans éprouver aus-
« sitôt le besoin de se prosterner devant

« leur Auteur et leur Révélateur! Aussi
« saint Augustin nous dit-il qu'un chré-
« tien ne doit manger la chair de Jésus-
« Christ qu'après l'avoir adorée, *nemo*
« *illam carnem* (*Christi*) *manducat,*
« *nisi priùs adoraverit* (ENAR., *in psal.*
« XCVIII). »

« Reconnaissez que celui que vous allez
« recevoir est le Dieu de toute-puissance ;
« que c'est le Dieu qui vous a créés, qui
« vous conserve, qui vous a rachetés, que
« tout ce que vous avez lui appartient et
« que tout ce que vous êtes est à lui. Re-
« connaissez que c'est le Dieu devant qui
« le ciel et la terre tremblent et que les
» plus purs Esprits, ne pouvant soutenir
« le feu de ses regards, s'inclinent devant
« lui et se couvrent la face de leurs ailes.
« Reconnaissez que ce même Dieu quitte
« le trône de sa gloire et s'abaisse jusqu'à
« vous, pour vous honorer de sa visite.
« Reconnaissez que Celui que les cieux ne
« peuvent contenir a daigné choisir votre
« cœur pour son temple et qu'Il veut bien
« recevoir vos hommages. Pourriez-vous
« ne pas tomber à genoux devant lui et ne
« pas lui rendre les hommages qui lui sont
« dûs ! »

« 2º Et quoi de plus propre à vous ins-
« pirer des sentiments d'humilité que la
« pensée de notre néant et de notre com-
« plète dépendance, en présence d'un Dieu
« qui nous a créés de rien, qui nous a ra-
« chetés en se faisant homme et qui, après
« avoir pris la forme d'un esclave, pour
« nous sauver, s'abaisse encore pour nour-
« rir notre âme jusqu'à prendre la forme
« d'un aliment? Qui donc, à ce spectacle,
« oserait s'estimer quelque chose?

« Quoi! le Fils de Dieu ne paraît que
« dans un état d'abjection, la majesté su-
« prême s'anéantit, et l'homme, un misé-
« rable pécheur, affecterait des airs de
« fierté! Oh! que nous avons bien raison
« de nous écrier, comme autrefois le cen-
« turion : « Seigneur, je ne suis pas digne
« de l'honneur que vous daignez me faire,
« en entrant dans ma maison, *Domine,*
« *non sum dignus ut intres sub tectum*
« *meum (Matth.,* VIII, 8); » Ou, comme la
« mère de saint Jean-Baptiste, lorsqu'elle
« reçut la visite de la Sainte Vierge :
« D'où me vient cet excès de bonheur que
« la mère de mon Dieu vienne à moi,
« *unde hoc mihi ut veniat mater Do-*
« *mini mei ad me (Luc.,* I, 43)! » Ou,

« comme saint Jean-Baptiste lui-même :
« Quoi! Seigneur, vous venez à moi, pour
« recevoir le Baptème, tandis que c'est à
« moi-même à aller à vous pour être bap-
« tisé, *ego a te debeo baptizari, et tu*
« *venis ad me (Matth.,* III, 14)! » Vous,
« si grand, si puissant, à moi, si faible, si
« petit! vous, le soleil de justice, à moi,
« pauvre pécheur! Comment se peut-il que
« je mange le pain des anges, moi, qui ne
« mérite pas seulement de manger le pain
« commun et matériel, que votre Provi-
« dence a préparé pour la nourriture des
« hommes! Non, en vérité, je ne suis pas
« digne de vous recevoir.

« 3° Et lorsque le Seigneur, malgré nos
« iniquités passées, est sur le point de nous
« donner la plus grande marque de son
« amour, est-il possible de ne pas sentir
« le malheur que nous avons eu de lui
« déplaire et de ne pas lui dire avec saint
« Pierre : « Seigneur, retirez-vous de moi,
« parce que je suis un pécheur, *exi a me,*
« *quia homo peccator sum (Luc.,* V, 8)? »
« Mais, non, disons-lui plutôt avec l'enfant
« prodigue : « Mon Père, j'ai péché contre
« le ciel et contre vous, *Pater, peccavi in*
« *cœlum et coram te (Luc.,* XV, 18); je

« suis indigne d'être appelé votre fils,
« *jam non sum dignus vocari filius tuus*
« (*Luc.*, XV, 19), » plus indigne encore
« d'être admis à votre Table. Mais, que
« dis-je! vous avez bien voulu oublier mes
« infidélités et ratifier la sentence de par-
« don, que votre ministre, hier, prononça
« sur moi : ô bon et miséricordieux Jésus,
« je n'oublierai jamais une telle faveur; je
« prends ici, à vos pieds, la résolution
« ferme et inébranlable de ne plus jamais
« vous offenser et d'expier, par la péni-
« tence, les péchés que j'ai eu le malheur
« de commettre jusqu'à ce jour.

II. — « Tels sont les sentiments qui
« doivent, tout d'abord, animer une âme
« sur le point de recevoir son Dieu et qui
« spontanément, comme les rayons d'un
« foyer, jaillissent de la foi en la présence
« réelle de Notre Seigneur Jésus-Christ
« dans la sainte Eucharistie.

« Mais, pour arriver à la vraie piété, qui
« convient à la réception de ce sacrement
« d'amour, vous devez vous efforcer aussi
« de produire des actes d'espérance chré-
« tienne, à l'égard des trésors qu'il ren-
« ferme. Que nous enseigne, en effet, la

« foi sur sa nature et ses merveilleux
« effets ? Ne nous dit-elle pas que celui qui
« le reçoit comme une garantie du ciel
« est déjà mis en possession de la vie éter-
« nelle, *si quis manducaverit ex hoc*
« *pane vivet in æternum (Joan.,* VI, 52)? »
« Ne fait-elle pas entendre à nos cœurs
« ces douces paroles de la Miséricorde
« infinie : « Venez à moi, et venez tous,
« *venite ad me omnes (Matth.,* XI, 28);
« ouvrez-moi votre âme, et je la remplirai,
« *dilata os tuum et implebo illud (psal.,*
« LXXX, 11)? » N'assure-t-elle pas, même
« au corps, une résurrection glorieuse?
« Alors que n'avons-nous pas à attendre
« du banquet divin auquel nous sommes
« conviés ?

III. — « Aussi n'est-il pas possible d'a-
« voir dans l'âme ces sentiments de foi et
« d'espérance, sans concevoir en même
« temps des sentiments de charité. Com-
« ment croire en la présence réelle de No-
« tre Seigneur Jésus-Christ dans l'Eucha-
« ristie et comment espérer dans les
« magnifiques promesses qu'il y attache,
« sans l'aimer ?
« Du reste, n'oubliez pas que l'amour ne

« se paie que par l'amour et que, si dans
« le sacrement de l'Eucharistie, « Dieu nous
« témoigne tant d'amour, ce n'est, dit saint
« Bernard, que pour être aimé, *ad nihil*
« *amat Deus nisi ut ametur* (D. BER-
« NARD); » que, s'il a voulu se changer en
« nourriture, pour s'unir à nous et nous
« transformer en quelque sorte en lui-
« même, ce n'est pas dans un autre but
« que celui de posséder notre cœur. Non,
« il n'y a pas à douter qu'en échange de
« cet amour ineffable, par lequel il se donne
« entièrement à nous, il ne veuille que
« nous nous donnions nous-mêmes entière-
« ment à lui et que commence déjà ici-bas
« entre le Créateur et ses élus cette mysté-
« rieuse harmonie de sentiments, qui cons-
« titue les délices du Paradis. « Dans ce
« séjour de bonheur parfait, la foi et l'es-
« pérance ne subsisteront plus, puisque
« nous aurons la claire vision de Dieu et
« que nous serons en pleine possession de
« ce que nous aurons espéré ici-bas. »
« Seule la charité y règnera dans la jouis-
« sance de l'objet qu'elle aura toujours
« désiré ici-bas, c'est-à-dire du souverain
« bien, *nunc autem manent fides, spes,*
« *charitas, tria hæc, major autem ho-*

» « *rum est charitas (I Cor.*, XIII, 15). »
  « Le meilleur moyen de vous préparer
» « à la sainte Communion, c'est donc d'en-
, « flammer vos cœurs du feu de l'amour de
  « Dieu et de lui rendre, à l'exemple des
  « saints, amour pour amour. Que chacun
  « lui dise donc : « O mon divin Jésus, moi
  « aussi, je soupire après vous, comme le
  « cerf altéré soupire après une source d'eau
  « vive, *quemadmodum desiderat cervus*
  « *ad fontes aquarum ita desiderat anima*
  « *mea ad te Deus (Psal.*, XLI, 1). Loin de
  « vous, mon âme languit et tombe en dé-
  « faillance, *concupiscit et deficit anima*
  « *mea (Psal.*, LXXVIII, 1). » Venez donc
  « en elle ; elle désire ardemment s'unir à
  « vous pour toujours. »

PÈLERINAGE A PARAY-LE-MONIAL.

**Ce qu'est ce pèlerinage ; — motifs qui pressaient
l'abbé Goddard à le faire ; — ce qui s'y passa.**

1° *Ce qu'est ce pèlerinage.* — Tout le
monde sait que Paray-le-Monial, du diocèse d'Autun, dans le département de
Saône-et-Loire, à soixante-dix-huit kilomètres de Mâcon, sur la ligne de Moulins,
est un des lieux de pèlerinage les plus fré-

quentés, soit par les Français, soit par des
catholiques de l'univers entier, surtout depuis 1873. La douce piété qui en émane,
les souvenirs édifiants et toujours vivants,
qu'y a laissés la Bienheureuse Marguerite-
Marie Alacoque, le rendent cher à tous les
fidèles qui ont de la dévotion au Cœur de
Jésus. C'est dans le monastère de la Visitation de Sainte-Marie, fondé dans cette
petite ville, l'an 1628, par celui de Lyon-
en-Bellecour, que Marguerite, aujourd'hui
si populaire, fit son entrée le 20 juin 1671.
Elle était née le 22 juillet 1647, au territoire de Verosvres, en Charolais, où son
père était notaire royal.

Le monastère de Paray-le-Monial avait,
alors, pour supérieure la mère Marguerite-
Hiéronyme Hersant, professe de la maison
de Paris. La maîtresse des novices était la
vénérée sœur Anne-Françoise Thouvant,
la première des religieuses reçues au couvent de Paray, lors de sa fondation. Toutes
les deux, âmes d'expérience, accueillirent
la jeune fille comme un riche présent du
ciel à leur communauté. Reconnaissant en
elle une personne de choix, dont la vertu
était déjà à toute épreuve, elles la traitèrent
comme on traite les amis de Dieu, ne lui

épargnant ni rebuts ni contradictions. Une
des premières paroles de la directrice à
son humble postulante est demeurée célèbre. Toute brûlante du désir de savoir faire
oraison (science qu'elle croyait ignorer),
sœur Marguerite conjura sa maîtresse de
la lui enseigner. Pour toute réponse, la
sœur Anne-Françoise lui répondit : « Allez
vous mettre devant Notre Seigneur, comme
une toile d'attente devant un peintre! »
Elle obéit : aussitôt Notre Seigneur se
rendit le maître divin de cette docile disciple et, sur la toile très pure de cette âme
de prédilection, sa main adorable commença à peindre sa ressemblance, donnant
en même temps à Marguerite un aperçu
de ses desseins de crucifixion sur elle.

Environ deux mois après son entrée au
monastère, c'est-à-dire le 25 août 1671, en
la fête de saint Louis, roi de France, Marguerite revêtait le saint habit de l'Ordre
de la Visitation. Avec le voile de novice,
elle recevait le nom de Marguerite-Marie.
En ce jour-là, Notre Seigneur lui fut prodigue de ses consolations, lui disant que
c'était le temps de ses divines fiançailles et
lui promettant que ces célestes douceurs
seraient son partage durant tout son novi-

ciat. L'amour généreux de la novice s'en
alarma tout d'abord. N'aurait-elle donc
jamais rien à souffrir pour Celui qu'elle
aimait tant!... Mais elle reconnut bientôt
que, dans les choses de Dieu, la croix n'est
pas incompatible avec les joies de l'âme,
ce qui la rassura. En effet, comblée de
grâces extraordinaires de la part du Sauveur, sœur Marguerite-Marie devint, du
même coup, l'objet d'une conduite très
sévère de la part de ses supérieures. Voulant savoir si l'esprit qui l'animait était
bon ou suspect, on la retirait à tout propos
des exercices spirituels et on l'envoyait
balayer, au lieu de faire oraison, mortifiant
ainsi son grand attrait pour la contempla-
tion. Toujours humble et souriante, la fervente novice s'en allait à ces modestes
fonctions, sans cesser de jouir de la présence de son Dieu.

Cependant, la communauté, quoique très
édifiée de la constante vertu de cette jeune
sœur, ne laissait pas de se demander si sa
place était bien marquée à la Visitation,
où les saints Fondateurs ne voulaient rien
d'extraordinaire ; c'est ce qui fit juger
nécessaire un retard de plusieurs mois dans
sa réception définitive. Mais elle finit par

être tranquillisée de ce côté, et la profession de la novice fut fixée au 6 novembre 1672.

Or, il y avait au monastère une ânesse et un ânon. La maîtresse avait dit aux sœurs du noviciat de veiller à ce que ces animaux ne fissent pas de dégâts dans le jardin potager. Sœur Marguerite-Marie, qui était en retraite pour sa profession, ne crut pas que cette circonstance la dispensait de ce devoir, de sorte qu'elle employait toutes ses heures libres à courir après l'ânesse et l'ânon. Mais quel dédommagement lui réservait son Époux divin! Sous ce modeste bosquet de noisetiers, où elle se tenait, Il lui apparaissait et s'entretenait avec elle. C'est aussi en ce lieu, si connu dès lors, qu'il daigna lui révéler les mystères d'amour et de souffrance de sa Passion. Aussi la Bienheureuse disait-elle que ce bosquet était un « endroit de grâce pour elle. »

Le jour de sa profession (6 novembre 1672), Marguerite-Marie se traça d'avance, sous la dictée de son souverain Maître, une ligne de conduite, dont elle ne devait plus s'écarter un seul jour. Selon son plan de sainteté, elle devait tout rapporter à sa supérieure, sans le consentement de laquelle Notre Seigneur ne voulait pas qu'elle se rendît à ses plus formelles ordonnances. Puis elle écrivit et signa de son sang cette humble mais vaillante devise : « Tout de Dieu et rien de moi. Tout à Dieu et rien à moi. Tout pour Dieu et rien pour moi. » Notre Seigneur venait de lui dire : « Voici la plaie de mon côté pour y faire ta demeure actuelle et perpétuelle. » Elle entra donc dans cette mystérieuse demeure et s'y enfonça chaque jour elle-même davantage, en attendant le moment où, sur l'ordre de son Dieu, elle devait enseigner à toutes les âmes l'art salutaire d'habiter et de vivre dans le Sacré-Cœur de Jésus.

Selon la parole de Saint François de Sales : « Dieu ébauche ses saints sur le Thabor, mais il ne les perfectionne que sur le Calvaire. » Pour Marguerite-Marie plus que pour toute autre, cela devait être particulièrement vrai ; Notre Seigneur prit soin de l'en instruire lui-même. Peu après sa profession, il lui montra une grande croix toute couverte de fleurs, l'assurant que, petit à petit, ces fleurs tomberaient et qu'il ne lui resterait que les épines. Rien ne pouvait être plus agréable à cette amie

de la douleur qu'une telle annonce faite
par la bouche de la Vérité même. Elle se
tint prête et, à mesure que la parole de
Notre Seigneur se vérifiait, elle baisait
avec plus d'ardeur ces bienheureuses épines,
gages de l'amour de son Sauveur. C'est
ainsi que la Mère de Saumaise, qui, en 1672,
gouvernait le monastère de Paray-le-
Monial, cherchait de toutes ses forces à
l'humilier, ce dont la servante de Dieu
retira un plaisir et une joie incroyables.

Toutefois, malgré tant d'épreuves, il ne
serait pas possible de redire toutes les consolations intérieures que Marguerite-Marie
reçut de son adorable Maître, de rapporter
chacune des visions admirables dont elle
fut gratifiée. Sa vie n'est qu'un tissu de
faveurs surnaturelles et, avant les grandes
révélations de son Cœur sacré, par combien de communications intimes Notre
Seigneur n'avait-il pas déjà manifesté ce
Cœur divin à sa pieuse servante !

Mais c'est en 1673 que commença sa
mission spéciale. Etant, un jour, devant le
Saint-Sacrement, Notre Seigneur lui apparut, et, lui découvrant son Cœur d'une
manière ineffable, il lui dit : « Mon divin
« Cœur est si passionné d'amour pour les

« hommes et pour toi en particulier que,
« ne pouvánt plus contenir en lui-même
« les flammes de son ardente charité, il
« faut qu'il les répande par ton moyen. »

Voilà donc Marguerite-Marie chargée de
faire connaître l'amour et le Cœur de son
Dieu aux hommes. Elle allait bientôt être
appelée à leur redire ses souffrances et les
inviter tous à la réparation. Un autre
jour, Notre Seigneur se plaignit à elle
(mais avec des accents d'une déchirante
tristesse) de l'ingratitude sans nom de ses
créatures, lui affirmant que cette froideur
lui était plus sensible que tout ce qu'il avait
souffert en sa Passion ; car, ajouta-t-il,
« s'ils rendaient quelque retour à mon
« amour, j'estimerais peu ce que j'ai fait
« pour eux... ; toi, du moins, donne-moi
« ce plaisir de suppléer à leur ingratitude,
« autant que tu en es capable. »

Pour cela, il lui commanda de passer
par-dessus toutes les humiliations, pour le
recevoir dans la sainte Communion, particulièrement les premiers vendredis du mois.
Puis il l'avertit qu'il la ferait participer,
chaque nuit du jeudi au vendredi, à cette
mortelle tristesse qu'Il voulut ressentir au
Jardin des Oliviers, lui ordonnant de se

lever entre onze heures et minuit et de se prosterner la face contre terre, pour apaiser la justice de son Père irrité contre les pécheurs. Telle est l'origine de la pratique sanctifiante connue sous le nom d'*Heure-Sainte*.

Le jour de saint Jean l'Evangéliste (27 décembre 1674), Marguerite-Marie reçut une grâce à peu près semblable à celle dont le disciple bien-aimé fut honoré le soir de la dernière Cène. Après avoir été admise à l'incompréhensible bonheur de reposer longuement sur le Cœur de son bon Maître, ce Cœur divin se découvrit à elle dans une nouvelle lumière et un nouvel amour. Il lui apparut surmonté d'une croix et couronné d'épines et Notre Seigneur lui révéla que cette croix avait été *plantée* dans son Cœur dès le premier instant de son Incarnation. Puis, il lui assura qu'Il prenait un singulier plaisir à être honoré sous la figure de ce Cœur de chair, dont Il voulait que l'image fut exposée en public, pour attirer sur les hommes toutes sortes de bénédictions. Le divin Roi termina ce sublime entretien avec sa servante par ces paroles : « J'ai une soif ardente d'être honoré des « hommes dans le Saint-Sacrement, et je

« ne trouve presque personne qui s'efforce,
« selon mon désir, de me désaltérer, en
« usant envers moi de quelque retour. »

C'est ainsi que les confidences du Sauveur prenaient chaque jour un caractère plus solennel, à mesure que l'heure, où devait sonner « le dernier effort de son amour, » approchait.

· Cette heure sonna, en effet, en juin 1675, pendant l'octave du Saint-Sacrement, une nuit que la Bienheureuse était dans le Chœur des Religieuses, plongée dans l'extase, immobile, recueillie, les bras croisés sur sa poitrine, le visage légèrement embrasé comme d'un feu intérieur. Une lumière céleste, visible à elle seule, brilla tout à coup sur l'autel et, à travers la grille, elle aperçut la personne adorable de Notre Seigneur Jésus-Christ ; et, quand elle osa fixer sur Lui ses yeux humides de larmes, la poitrine du Sauveur lui apparut resplendissante et, dans ce feu, le Cœur de Jésus étincelait comme un soleil. En même temps, elle entendit une voix qui lui disait :
« Voilà ce Cœur qui a tant aimé les hommes,
« jusqu'à s'épuiser et à se consumer, pour
« leur témoigner son amour, et qui, pour
« prix de ses bienfaits, ne reçoit de la

« plupart que de l'ingratitude, par les
« mépris, les irrévérences, les froideurs,
« l'indifférence et les sacrilèges, dont ils
« se rendent coupables envers moi dans
« le sacrement de mon amour. Mais, ce
« qui m'est le plus sensible, c'est que ce
« sont des cœurs qui me sont consacrés
« qui en usent ainsi. C'est pourquoi je te
« demande que le premier vendredi après
« l'octave du Saint-Sacrement soit dédié
« à une fête particulière pour honorer mon
« Cœur et qu'on communie ce jour-là, en
« lui faisant une réparation d'honneur par
« une amende honorable, afin de réparer
« les indignités qu'Il a reçues pendant le
« temps qu'Il a été exposé sur les autels.
« Je te promets aussi que mon Cœur se
« dilatera, pour répandre avec abondance
« les influences de son divin amour sur
« tous ceux qui lui rendront cet honneur
« et qui travailleront à ce qu'il lui soit
« rendu. »

Anéantie sous le poids d'une telle mission, Marguerite-Marie représenta au Sauveur qu'elle était incapable de s'en acquit-
ter. Mais Jésus lui enjoignit de s'adresser
au Père de la Colombière et de le prier,
de sa part, de faire tout son possible pour

répandre cette dévotion. Le Père de la Colombière, jésuite, arrivé depuis peu à Paray, où la Providence l'avait envoyé, pour être le soutien et le conseil de la Bienheureuse, n'eut pas de peine à rassurer les supérieures à son sujet, non plus qu'à la tranquilliser elle-même dans les voies extraordinaires qu'il lui restait encore à parcourir. Quant à lui, convaincu de l'éminente sainteté de cette âme parfaitement humble et obéissante, il ne put douter de la vérité du message qu'elle lui avait transmis de la part du Cœur de Jésus. Il réfléchit, pria et crut de son devoir de commencer sans retard à répondre aux désirs de Notre Seigneur. En conséquence, le 21 juin 1675, le vendredi après l'octave du Saint-Sacrement, il se consacra corps et âme au service et à l'amour de son divin Cœur, profitant de toutes les occasions favorables pour en propager la dévotion.

Depuis cette époque, la Bienheureuse travailla aussi de tout son pouvoir, à la réalisation des grands desseins de son Sauveur. Mais, malgré leurs efforts conjurés, la dévotion au Sacré-Cœur resta longtemps encore à l'état de semence cachée, et Dieu seul a su les humiliations et les épreuves de tous genres que subit Marguerite-Marie, avant de la voir germer et s'épanouir en plein soleil. Entre toutes les supérieures qui se partagèrent successivement la conduite de la Bienheureuse, nulle, peut-être, ne fut plus libérale envers elle de contradictions que la Mère Péronne-Rosalie Greyfié, professe d'Annecy, qui gouverna le monastère de Paray de 1678 à 1684. Aussi aimait-elle tendrement cette bonne Mère! Et plus elle en recevait de souffrances morales, plus elle lui était reconnaissante. Le 15 février 1682, elle eut encore la douleur de perdre le saint religieux que Dieu lui avait donné pour la diriger dans les voies de la sainteté. Mais, quelques heures seulement après sa mort, elle apprit, par une révélation spéciale, qu'il jouissait de la gloire céleste et le prit, dès lors, pour un puissant intercesseur auprès du Cœur sacré de Jésus.

Cependant, on touchait au temps où la nouvelle dévotion devait sortir, enfin, de l'ombre mystérieuse qui l'enveloppait jusque-là. La Bienheureuse fut nommée maîtresse des novices en janvier 1685 : dès les premières leçons qu'elle donna à ces âmes innocentes, elle leur parla du Cœur-Sacré de Notre Seigneur. Les voyant suspendues à ses lèvres, elle s'enhardit, et, quand vint le jour de sa fête (20 juillet 1685), elle les pria de tourner vers le Cœur de Jésus tous les petits honneurs qu'elles avaient l'intention de lui rendre à elle-même. Un élan plein de la plus naïve et de la plus profonde piété répondit à cet appel. On dessina une image du Sacré-Cœur et toute la journée se passa en louanges et en bénédictions, exprimées au Cœur très humble et très doux de Jésus par ce petit troupeau d'élite.

L'année suivante, la Communauté entière vint se prosterner devant le Sacré-Cœur, sur l'invitation de la vénérable Sœur Marie-Magdeleine des Escures, colonne d'observance et jusque-là l'une des plus opposées au culte réclamé par le divin Sauveur. Cette seconde victoire du Sacré-Cœur fut remportée le 21 juin 1686, le vendredi après l'octave du Saint-Sacrement. L'enthousiasme fut si complet dans les âmes que, le jour même, on décida l'érection d'une chapelle au Sacré-Cœur, à l'une des extrémités de l'enclos du monastère. Mais, en attendant que ce cher sanctuaire fut élevé à la gloire du Roi des cœurs, un petit oratoire lui fut dédié près du noviciat.

A dater de cette époque, la Bienheureuse recueillait chaque jour dans l'allégresse et dans la reconnaissance ce qu'elle avait semé dans la douleur et les épreuves.

Ce fut le 7 septembre 1688 qu'eut lieu la bénédiction solennelle de la chapelle projetée deux ans auparavant, et ce nouveau sanctuaire devint un lieu de constant pèlerinage pour la communauté, qui aimait à s'y rendre en procession les premiers vendredis de chaque mois, chantant les litanies du Sacré-Cœur et renouvelant toutes les fois un acte d'amende honorable et de consécration.

Il faut lire les *Lettres* de Marguerite-Marie, pour suivre la trace des peines sans nombre qu'elle se donna pour faire connaître partout la dévotion au Sacré-Cœur, au moyen d'images le représentant tel qu'il lui était apparu le jour de saint Jean l'Évangéliste, en 1674, environné d'une couronne d'épines et surmonté d'une croix.

C'est ainsi que le règne du Sacré-Cœur commençait sur la terre, et, pour la Bienheureuse, c'était le ciel anticipé. Aussi, son refrain le plus cher était-il composé de ces paroles : « Ce serait pour moi un doux plaisir d'être anéantie pour Le faire régner. »

Cependant, elle arrivait à la dernière période de sa vie, et les choses avaient bien changé pour elle. Autant elle avait été jadis soupçonnée, persécutée, autant elle était devenue l'objet d'une véritable vénération. Et si la communauté de la Visitation de Paray avait si longtemps combattu ses idées, elle n'avait été en cela que l'instrument aveugle des desseins de sanctification que Dieu avait sur cette âme héroïque.

Le 17 octobre 1690, elle rendit le dernier soupir entre les bras de deux de ses anciennes novices, comme elle l'avait prédit. Elle avait alors un peu plus de 43 ans. Le 30 mars 1824, l'humble servante de Dieu fut déclarée Vénérable et, le 18 septembre 1864, Pie IX, de glorieuse mémoire, la proclama Bienheureuse. Ses ossements sacrés, conservés au monastère de Paray, au prix de mille sollicitudes, à travers la tourmente révolutionnaire, sont aujourd'hui presque tous renfermés dans l'effigie de cire, contenue elle-même dans une riche châsse de vermeil. C'est ce précieux reliquaire que les fidèles aiment surtout à entourer, lorsqu'ils ont le bonheur de prier dans le modeste mais béni sanctuaire, où eurent lieu les principales apparitions relatives à la dévotion du Sacré-Cœur. C'est devant lui qu'il fait bon se souvenir de la parole du Sauveur à sa servante bien-aimée : « Je règnerai malgré mes ennemis « et je viendrai à bout du dessein pour « lequel je t'ai choisie, quelques efforts que « fassent ceux qui voudraient s'y opposer! »

Déjà avant sa mort, aux mois de juin et d'août 1689, l'apôtre du Sacré-Cœur avait été chargée d'un message important pour le roi de France. Elle devait lui faire savoir que Notre Seigneur voulait établir le règne de son divin Cœur dans celui du grand monarque et dans son palais ; voir l'image de ce Cœur adorable peinte sur ses étendards et gravée dans ses armes, pour les rendre victorieuses ; voir, enfin, le prince lui élever un édifice, où cette image serait exposée aux hommages du roi et de toute sa cour...

Marguerite-Marie avait épuisé tous les moyens humains, pour faire parvenir le message jusqu'à Louis XIV. Les intermédiaires avaient-ils été fidèles à remplir leur mission, ou bien le roi n'eut-il pas le courage d'obéir à l'ordre céleste? C'est le secret de Dieu. Toujours est-il que la chose était demeurée sans effet.

Mais, à deux siècles de distance, la France s'est souvenue de 1689 et des désirs du Roi des rois. En effet, celui de ces désirs qui consistait en ce que l'image du Sacré-Cœur fut peinte sur les étendards de la France a reçu un commencement d'exécution pendant la guerre de 1870. Qui ne sait qu'à Patay et à Loigny une bannière du Sacré-Cœur, portée par les zouaves pontificaux, qui faisaient partie de cette héroïque Légion des Volontaires de l'Ouest, sous les ordres du général de Charette, avec l'autorisation du général de Sonis commandant leur division, reçut le baptême du sang (1)?

(1) Cette bannière avait été donnée par M. l'abbé de Musy, mort le 8 novembre 1897, dans un Couvent de Religieuses du diocèse d'Autun, qu'il avait fondé lui-même, après avoir été longtemps curé de Chagny. Né dans le département de Saône-et-Loire d'une famille noble et chrétienne, le saint prêtre dont il s'agit avait été promu au sacerdoce en 1859 et, pendant deux années, il avait eu le bonheur d'offrir le Saint Sacrifice. Mais diverses infirmités l'arrêtèrent ensuite sur le chemin d'une vie qu'il avait entièrement consacrée au service de Dieu et au salut des âmes. Il vécut dès lors impotent, traîné dans une chaise roulante, confiné dans le château paternel. Bientôt la paralysie lui interdit même le ministère restreint du sacerdoce domestique; ses jambes devinrent complètement inertes, il lui fallut renoncer à la célébration

Quant à l'édifice demandé par Notre Seigneur, il s'élève aujourd'hui plein de grâce et de majesté au sommet de la colline de Montmartre, démontrant l'action permanente de la Providence dans l'histoire du monde et justifiant pleinement cette maxime aussi ancienne que lui : « L'homme s'agite et Dieu le mène. »

Il est dû à l'initiative de deux Parisiens, MM. Legentil et Rohault de Fleury, qui,

de la Messe et il souffrit sans espérance de guérison, soigné par sa famille. Or, pendant la guerre de 1870, placé dans son fauteuil de douleurs, il s'entretenait souvent avec un vieux parent, M. de Montagu, dont le fils succombait en ce temps-là sur un champ de bataille, et de leurs patriotiques élans naquit tout à coup cette idée aussi française que chrétienne, faire exécuter un étendard militaire, qui porterait l'image du Sacré-Cœur.

Le pauvre abbé, malade, commanda aussitôt chez les Visitandines de Paray-le-Monial, dans le monastère même qui fut le berceau de la dévotion au Sacré-Cœur, une modeste bannière de soie blanche, sur laquelle serait brodé l'emblème cher aux catholiques. Par ses ordres et à ses frais, le travail fut promptement achevé et adressé à Tours.

Les Zouaves pontificaux, qui n'avaient pas demandé cet insigne, mais qui trouvaient en lui l'emblème de leur appel suprême au Cœur de Jésus, le reçurent à bras ouverts.

Le donateur en question n'était alors connu ni du général de Charette, ni de ses braves compagnons d'armes et n'a pu recevoir d'eux de témoignage de

réfugiés à Poitiers, pendant que la Capitale
était assiégée par l'armée allemande (1870-
1871), propagèrent dans toute la France
l'idée de faire appel au Sacré-Cœur, pour
obtenir son secours, et en même temps de
lui permettre l'érection d'un monument
digne de sa toute-puissante protection. Cette
double idée, qui reçut de ses deux promo-
teurs le titre de *Vœu national,* eut dès
les premiers jours de nombreux adhérents

reconnaissance; mais il a plu à Dieu de payer directement leur dette dès ici-bas, en favorisant l'abbé de
Musy d'une guérison miraculeuse.

Un jour, le malheureux impotent tourna ses regards
vers Notre-Dame de Lourdes et, le 15 août 1873,
était devant la crypte, couché dans sa voiture. Une
Messe se célébrait à l'autel de la Vierge ; M. l'abbé de
Musy l'entendit et y communia. Il assista encore
deux autres messes avec toute la ferveur de son âme.

« Un peu avant l'élévation de la troisième, célébrée
« par M. l'abbé Sire, du Séminaire de Saint-Sulpice
« de Paris, le prêtre paralysé, disent les *Annales,* se
« sent fortement pressé de se lever et de se mettre à
« genoux. Il résiste un instant, craignant une illusion
« et redoutant aussi le mauvais effet d'une tentative
« inutile devant les quelques témoins qui sont là. Il
« cède néanmoins à la voix intérieure qui le presse,
« et il tombe à genoux. Une vive émotion le saisit,
« mais sans secousse ni souffrance ; il sent que la
« Vierge l'a guéri.

« Un quart d'heure après, il se levait et sortait de
« la chapelle avec son compagnon ravi. Le cocher
« qui l'attendait à la porte le regarde stupéfait et

parmi les fidèles et gagna peu à peu l'approbation des évêques. Mais le prélat, qu'ils se sont toujours plu à désigner eux-mêmes comme le fondateur de leur œuvre, c'est Mgr Guibert, archevêque de Paris, successeur de Mgr Darboy, qui avait perdu la vie dans la tourmente révolutionnaire, en mai 1871.

Voici la lettre qu'il adressa au Comité constitué pour l'Œuvre, le 18 janvier 1872 :

« s'éloigne avec sa voiture désormais inutile. Les deux
« prêtres, après s'être embrassés, descendirent à
« pied à la grotte, par le chemin le plus long, en
« disant des *Ave Maria*.

« La foule avait reconnu le prêtre paralysé... De
« toutes parts, on crie au miracle; le *Magnificat* est
« chanté avec enthousiasme; on récite le chapelet,
« on prie pour les pécheurs. Le prêtre raconte sa
« guérison d'une voix forte à la multitude qui
« pleure... »

Et depuis lors, l'abbé de Musy est rentré dans la carrière apostolique; il a administré pendant plusieurs années une grande paroisse, vivant prodige, plus éloquent que toutes ses prédications. Sa modestie ne permit jamais que l'on regardât ce bienfait céleste comme la récompense de la foi simple et profonde, qui l'avait porté à préparer pour des soldats français la bannière du Sacré-Cœur. Mais il profitait de sa santé pour devenir encore plus saint et pour répandre autour de lui le parfum de ses vertus. Il venait aussi chaque année visiter la grotte, remercier la Vierge Immaculée et célébrer ses bienfaits. Espérons qu'aujourd'hui il les chante dans le Paradis.

Messieurs,

« L'œuvre du *Vœu national au Sacré-*
« *Cœur de Jésus,* dont vous m'avez donné
« connaissance, mérite d'être encouragée,
« et je ne puis qu'applaudir à la pensée
« pieuse qui l'a inspirée.

« Vous avez considéré à leur vrai point
« de vue les malheurs de notre pays. Ils
« sont le fruit amer des infidélités dont
« nous sommes coupables envers Dieu.
« L'impiété a fait table rase de tous les
« principes du bien, et les mœurs en sont
« venues à toutes les impiétés du paga-
« nisme. La vie chrétienne n'est plus le
« fait que du petit nombre. La conjuration
« contre Dieu et son Christ a prévalu dans
« une multitude d'esprits et, en punition
« d'une apostasie presque générale, la
« société a été livrée à toutes les horreurs
« de la guerre avec l'étranger victorieux
« et de la guerre plus affreuse encore entre
« les enfants d'une même patrie ! Devenus,
« par nos prévarications, des révoltés
« contre le ciel, nous sommes tombés, pen-
« dant nos troubles, dans l'abîme de l'a-
« narchie. La terre de France a retracé
« l'effrayante image de ce lieu « *où nul*

« *ordre n'habite,* » tandis que l'avenir
« s'offre encore à elle avec de nouvelles
« terreurs en perspective. »

« Vous donc, Messieurs, qui, à travers
« les sombres nuages qui couvrent le monde,
« recevez encore les rayons d'en haut,
« parce que vous êtes restés des chrétiens
« fidèles, vous avez vu où il fallait cher-
« cher le secours et d'où nous pouvait venir
« la délivrance. Vous avez eu une sainte
« et lumineuse pensée, en vous adressant
« au Cœur miséricordieux de Jésus ; car il
« est écrit qu'il n'y a de salut que dans la
« puissance de ce nom. »

« Oui, il est juste et sage de faire à ce
« Cœur divin si profondément contristé
« par nos péchés une solennelle amende
« honorable et de lui offrir un témoignage
« permanent de douleur et de repentir, pour
« le mal qui s'est produit et se produit
« encore contre Dieu. »

« Vous désirez qu'un temple, dédié au
« Sacré-Cœur de Jésus, s'élève dans Paris,
« qui n'en possède aucun sous ce titre. Ce
« temple, dans votre pensée, doit être un
« monument d'expiation, et la France
« entière sera appelée à contribuer à cette
« œuvre par les dons des fidèles. »

« En même temps, ce sanctuaire du
« Sacré-Cœur deviendrait devant Dieu
« l'expression d'une supplication générale,
« pour que les jours de nos épreuves soient
« abrégés et adoucis et que du Cœur si
« aimant de l'adorable Rédempteur des
« hommes sorte notre régénération spiri-
« tuelle et temporelle. »

« Rien n'est plus chrétien ni plus patrio-
« tique qu'un tel vœu. »

« Je m'entendrai avec vous, Messieurs,
« pour choisir l'emplacement, où pourra se
« faire avec le plus d'utilité cette cons-
« truction, lorsqu'on aura recueilli des
« fonds suffisants pour la commencer, avec
« espoir de la terminer. J'espère que tous
« les bons chrétiens accueilleront avec fa-
« veur et soutiendront de leur générosité
« un projet déjà béni par le Souverain
« Pontife et qui intéresse le pays tout
« entier. »

« C'est de la France que le mal qui nous
« travaille s'est répandu dans toute l'Eu-
« rope ; c'est aussi de la France, où a pris
« naissance la dévotion au Sacré-Cœur,
« que partiront les prières qui doivent
« nous relever et nous sauver. »

« Le sanctuaire dont il s'agit sera un

« lieu de pieux pèlerinage, fréquenté par
« un nombreux concours d'adorateurs et
« deviendra, dans l'enceinte de la Capitale,
« une sorte de paratonnerre sacré, qui la
« préservera des coups de la justice divine.
« En s'élevant comme un acte public de
« contrition et de réparation pour tant de
« péchés commis contre Dieu, ce temple
« sera encore parmi nous une protestation
« contre d'autres monuments et œuvres
« d'art érigés pour la glorification du vice
« et de l'impiété. »

« Enfin, vous avez pour objet, dans
« votre pieuse entreprise, la délivrance du
« Chef de l'Eglise, captif dans sa demeure
« et dépouillé d'une souveraineté nécessaire
« au libre exercice de son ministère. Il
« faut pour cela une victoire sur les enne-
« mis de la Religion et, pour l'obtenir,
« vous voulez associer à cette intention le
« mérite des offrandes de vos souscripteurs
« et les prières qui s'élèveront du nouveau
« temple. C'est là une idée d'autant plus
« juste que le salut ne peut venir que du
« ciel. »

« Je bénis votre œuvre de tout mon cœur.
« Daigne le Dieu tout-puissant la faire
« réussir dans son exécution comme dans
« les effets que nous en attendons! »

« Recevez, Messieurs, la sincère expres-
« sion de tous mes sentiments les plus
« paternels. »

« † J. Hipp., *Archevêque de Paris.*

Le Comité constitué reçut ensuite pour Directeur spirituel, M. l'abbé Langénieux, curé de Saint-Augustin, actuellement cardinal-archevêque de Reims; puis, successivement M. l'abbé Jourdan, nommé plus tard à l'évêché de Tarbes, et M. l'abbé Lagarde, Vicaire général.

Le vénérable archevêque aimait à le réunir dans son palais et s'intéressait de plus en plus à l'œuvre. Il causait souvent de l'emplacement qu'il serait convenable de choisir, pour construire l'*ex-voto* national, et c'est dans une course, qu'il fit à cette époque à Montmartre, avec M. l'abbé Langénieux, qu'il fut frappé des avantages de l'emplacement actuel et qu'il se décida à l'acquérir. L'éminent prélat comprit aussi qu'il aurait beaucoup de peine à y arriver sans l'aide des pouvoirs publics : après avoir bien examiné toutes choses, il s'adressa à M. Jules Simon, alors ministre compétent, et le pria de lui prêter son appui, pour obtenir le droit d'expropriation.

Chacun sait que l'expropriation demandée fut accordée, à une immense majorité, par l'Assemblée nationale, alors souveraine, le 26 juillet 1873.

Depuis ce jour, le doute fit place à la plus entière confiance, les offrandes affluèrent de tous les points de la France entre les mains du Comité, et la basilique votive du Sacré-Cœur, commencée peu de temps après, n'attend plus, à l'heure présente, que le couronnement de ses dômes. Comme le *feu sacré* dans le temple de Jérusalem, la prière n'y subit pas d'interruption. Ah! si dix justes auraient sauvé les cités coupables de la Pentapole, comment tant d'âmes ferventes, qui font sans cesse monter vers le Ciel l'encens de leurs supplications, ne sauveraient-elles pas la France!

Et qu'il est réconfortant de contempler, dans ce chef-d'œuvre de l'art, la pleine réalisation d'un des désirs exprimés par Notre Seigneur à la Bienheureuse Marguerite-Marie! Ce spectacle nous donne la douce espérance que les deux autres s'accompliront, un jour, pour la gloire de la fille aînée de l'Eglise, c'est-à-dire que l'on verra l'image du Sacré-Cœur peinte sur son drapeau et vénérée publiquement par son chef. Il met dans nos cœurs et sur nos lèvres ces paroles, que le *Bulletin de l'œuvre du Vœu national* insérait en tête de son numéro de juin 1896, à l'occasion du vingt-cinquième anniversaire du *Vœu* :

« Le Christ aime les Francs. A Tolbiac, « il les a faits siens et, bien qu'ils aient « souvent manqué à leur vocation, il les « aima toujours. En ces tristes temps, où « son cœur miséricordieux veut sauver le « monde par son amour, c'est encore la « France qu'il choisit pour cet apostolat. « C'est dans sa capitale qu'il suscite la « construction du temple, signe et gage « de ce nouveau pacte qu'il nous propose, « nous promettant, en retour, d'inénar-« rables récompenses, si nous répondons « à son appel. »

« O France! O patrie bien-aimée! n'i-« mite pas Jérusalem et réfugie-toi, pen-« dant qu'il en est temps, dans le cœur de « Jésus, comme les poussins sous les ailes « de leur mère; et tu verras que le Christ « aime encore les Francs. »

2° *Motifs qui poussaient l'abbé God-dard à le faire.* — La coïncidence de l'année où l'Assemblée nationale vota la loi sur l'emplacement, que devait occuper l'église votive du Sacré-Cœur, avec le deux-centième anniversaire de l'année célèbre (1673), où la Bienheureuse Marguerite-Marie avait reçu sa mission publique, fut l'étincelle qui ralluma dans le monde, principalement en France, le feu de la dévotion au Sacré-Cœur de Jésus et provoqua l'organisation des grands pèlerinages à Paray-le-Monial.

Durant toute cette année-là, mais surtout du premier au dernier jour du mois de juin, la chapelle de la Visitation de cette ville privilégiée ne désemplit pas. Elle était trop étroite pour contenir les pèlerins, qui, par groupes ou isolément, y affluaient de toutes parts.

Du matin au soir ses voûtes retentissaient des chants du *Miserere,* du *Parce Domine,* du *Magnificat,* de l'*Ave maris stella,* du cantique *Dieu de clémence* et d'invocations au Sacré-Cœur; ses murs furent bientôt tapissés de bannières et d'*ex-voto* de tous genres, laissés par les diocèses, les paroisses, les communautés, qui se pressaient sans interruption dans son enceinte. De minuit à midi le saint Sacrifice de la

Messe était célébré, non seulement aux autels fixes de ce lieu sacré, si bien nommé par Léon XIII « *un lieu chéri du Ciel*, » mais encore à beaucoup d'autres portatifs, qu'on y avait installés, pour répondre au désir de tant de prêtres, qui tenaient essentiellement à y dire leur Messe. Plus de quatre mille ecclésiastiques, dont les noms figurent dans les Registres de la sacristie, purent ainsi satisfaire leur dévotion, au cours de l'année. Cependant, beaucoup d'entre eux durent se contenter d'y recevoir la sainte Communion des mains de leurs confrères.

Le 20 juin, jour de la fête du Sacré-Cœur, plus de trente mille pèlerins étaient massés aux abords du sanctuaire des Apparitions, attendant leur tour d'y entrer.

Si ses pierres pouvaient conserver les traces des baisers qu'elles ont reçus, elles donneraient une preuve magnifique de la vénération qu'inspirait la mémoire de la Bienheureuse. Mais les pieux larcins, sans cesse renouvelés par les pèlerins, sur les herbes, les fleurettes, les feuilles des arbustes renfermés dans le jardin du monastère, surtout les fleurs du bosquet de noisetiers, sous lequel Notre Seigneur lui avait fait tant d'apparitions, en rendaient un témoignage sensible.

Du reste, le fait s'explique par l'autorisation extraordinaire, qui, sous la pression des circonstances, avait été obtenue, pour les processions, de traverser les lieux consacrés par les révélations du Sacré-Cœur, savoir : le bosquet de noisetiers, la chapelle du jardin et la cour de la sacristie.

Ce mouvement admirable avait été imprimé successivement par Nosseigneurs les Archevêques pèlerins de Bourges, d'Aix, de Tours, de Reims, de Bordeaux, de Paris, et les Evêques d'Evreux, d'Autun, de Moulins, de Grenoble, d'Annecy, de Tarentaise, de Beauvais, de Tarbes, de Belley, de Séez, du Puy, de Nîmes, de Châlons-sur-Marne, de Vannes, et de plusieurs autres prélats d'Angleterre, de Suisse, d'Afrique et de l'Amérique septentrionale. Il fut suivi par un nombre considérable de membres de l'Assemblée nationale, par des Officiers supérieurs des armées de terre et de mer, par l'immortel général de Charette, à la tête de ses Zouaves, et par des fidèles appartenant aux cinq parties du monde.

Il n'est pas possible de décrire les saintes

industries des âmes privées du bonheur
d'assister personnellement, soit à la fête
du 20 juin, soit aux pèlerinages ultérieurs.
Ce qui en donne une idée, ce sont les souvenirs et les lettres adressées à Paray-le-
Monial par des monastères de tous les pays,
se consacrant au Sacré-Cœur.

Parmi tant de souvenirs, on remarquait
d'innombrables cœurs dorés, remplis de
religieux secrets et de prières. D'autres
portaient ostensiblement leurs dédicaces et
leurs invocations. Par exemple, le Séminaire des Missions-Étrangères envoya sa
consécration au Sacré-Cœur, signée de
tous les membres de la communauté, entourée de palmes et d'instruments de martyre ; et, quelques jours plus tard, il expé-
dia encore un cœur entouré de rayons sur
lesquels on lisait les noms de diverses mis-
sions : Corée, Chine, Mandchourie, Indes,
Birmanie, etc. Toutes ces manifestations
peuvent se résumer par ces mots inscrits
des milliers de fois sur les *ex-voto : « La
France au Sacré-Cœur de Jésus. »*

L'abbé Goddard, qui, depuis la béatifica-
tion de Marguerite-Marie, avait un si vif
désir d'aller à Paray-le-Monial, vénérer
ses reliques, fut un des premiers à se faire

inscrire parmi les pèlerins, qui partirent 'Annecy, sous la conduite de Mgr Magnin. Plusieurs raisons l'y appelaient : d'abord, son culte pour saint François de Sales, la plus pure comme la plus brillante des gloires de la Savoie, le patron du diocèse de Chambéry, l'initiateur et le premier apôtre du culte public rendu aujourd'hui au Sacré-Cœur de Jésus dans le monde catholique; puis, son attachement à l'Institut du Sacré-Cœur et à tout ce qui le concernait; enfin et surtout, sa propre dévotion pour ce Cœur adorable.

a) Son culte pour saint François de Sales. — Si Dieu a choisi l'Ordre de la Visitation, pour en faire en quelque sorte la source et le foyer de la dévotion au Sacré-Cœur de Jésus, n'est-ce pas pour répondre aux vœux de Saint François de Sales? car, chose qu'on ignore généralement, c'est dans le but de propager cette dévotion que le grand Docteur le fonda, d'accord avec sainte Jeanne-Françoise de Chantal.

La Bienheureuse Marguerite-Marie confirme elle-même cette vérité, en appelant son père bien-aimé « le principal moteur « de ce don salutaire, » et en affirmant que « sa gloire accidentelle ne s'est jamais

« autant augmentée comme elle le fait par
« ce moyen. »

C'est ce que reconnaît aussi le Saint-
Siège, en mentionnant, dans les actes
du Doctorat de Saint François de Sales,
les passages vraiment étonnants de ses
lettres, desquels il ressort avec évidence
qu'il avait entrevu la vocation spéciale de
l'Ordre religieux, dont il projetait la fondation et dont il suivait la formation avec
tant de sollicitude.

Nous citons textuellement ces passages,
tels que les insèrent les actes du Doctorat.

Sur la fin de 1608, conférant avec sainte
Jeanne-Françoise de Chantal sur leur
œuvre commune, encore à l'état de projet,
saint François de Sales lui disait : « L'autre
« jour, considérant le côté ouvert de Notre
« Seigneur et *voyant son cœur*, il m'était
« advis que nôs cœurs étaient tous à l'en-
« tour de luy, qui lui faisaient hommage,
« comme au souverain Roy des cœurs.
« Qu'à jamais soit-il notre cœur. Amen. »

En juin 1610, la pieuse congrégation
étant à peine fondée, il écrivait à la même :
« Ma fille, il faut que je vous dise que je
« ne vis jamais si clairement que vous êtes
« ma fille que je le vois maintenant; mais

« je dis que je vois dans le cœur de Notre
« Seigneur... Oh! quand vivrons-nous,
« mais non pas nous-mêmes, et quand sera-
« ce que Jésus-Christ vivra tout en nous?
« Je m'en vais faire un peu d'oraison sur
« cela, où *je prierai le cœur royal du*
« *Sauveur* pour le nostre. »

Mais, voici quelque chose de plus sur-
prenant. Nous avons vu que, dans une des
plus célèbres apparitions de Notre Seigneur
à la Bienheureuse Marguerite-Marie, il lui
montra son cœur divin, portant la plaie
béante qu'il reçut sur la croix, rayonnant
de flammes, environné d'une couronne d'é-
pines et une croix au-dessus; que, dans
une apparition suivante, Notre Seigneur
demanda à son humble servante de travailler de tout son pouvoir à ce que, le
vendredi après l'octave du Saint-Sacrement
fût dédié à une fête, pour honorer son cœur.
Or, soixante-quatre ans auparavant, le III
des ides de juin 1611, qui coïncidait avec
le vendredi après l'octave du Saint-Sacrement, saint François de Sales proposait à
la mère de Chantal de donner pour blason
à l'Ordre de la Visitation un dessin repro-
duisant, à peu de chose près, la vision que
devait avoir la Bienheureuse Marguerite-

Marie : « M. Rolland, lui écrivait-il, va
« suppléer à mon défaut (de prêcher ce
« jour-là aux religieuses) ; toutefois, il n'est
« pas assez bon messager pour vous porter
« la bonne pensée que Dieu m'a donnée
« cette nuit, que notre maison de la Visi-
« tation est, par sa grâce, assez noble et
« assez considérable pour avoir des armes,
« son blason, sa devise et son cri d'armes.
« J'ay donc pensé, ma chère mère, si vous
« en êtes d'accord, qu'il nous faut prendre
« pour armes, un *unique cœur,* percé de
« deux flèches, *enfermé dans une cou-*
« *ronne d'épines,* ce pauvre cœur servant
« dans l'enclavure *à une croix qui le sur-*
« *montera* et sera gravé des sacrés noms
« de Jésus et de Marie. Ma fille, je vous
« dirai, à notre première veue, mille petites
« pensées, qui me sont venues à ce sujet.
« car, vrayment, nostre petite congréga-
« tion est un ouvrage du *cœur de Jésus*
« et de *Marie :* le Sauveur mourant nous
« a enfantés par l'*ouverture de son Sacré-*
« *Cœur.* »

Qui ne serait frappé de ce rapprochement ? Notre Saint n'a-t-il donc pas, le
premier, donné au monde l'image du Sacré-
Cœur et n'en est-il pas le premier peintre ?

Et sa chère Visitation n'était-elle pas, dans sa pensée, l'image de la douceur et de l'humilité du cœur de Jésus-Christ, les deux vertus qui lui sont le plus chères ?

Et lui-même n'est-il pas le plus parfait imitateur du Cœur de Jésus. « En lui, dit « Mgr de Poitiers, reluisent des qualités si « séduisantes, si attachantes qu'on se de- « mande si jamais une autre figure a plus « fidèlement reflété celle de l'Homme-Dieu. « Pour moi, ajoute l'illustre prélat, quand « je considère les traits de l'évêque de « Genève, volontiers, j'écrirais au bas du « tableau : *apparuit benignitas* et *hu- « manitas Salvatoris nostri Dei;* car, « en réalité, c'est bien l'apparition de la « bénignité et de l'humanité de notre Dieu « Sauveur. La définition que le Maître a « donnée de lui-même, il eut appartenu « au disciple de la reproduire et de se l'ap- « proprier, si la modestie ne le lui eut « interdit : apprenez de moi que je suis « doux et humble de cœur, »

Aussi, grande était la joie du saint Evê- que de voir sa co-fondatrice, sainte Jeanne- Françoise de Chantal, et les premières religieuses de la Visitation correspondre à sa direction dans les voies de la dévotion

au Sacré-Cœur : « Que ce Seigneur est
« bon, ma très chère fille, que son cœur
« est aimable! lui écrivait-il; demeurons
« là, en ce saint domicile! que ce Cœur
« vive toujours dans nos cœurs!.... Si les
« Sœurs de notre Congrégation sont bien
« humbles et fidèles à Dieu, elles auront
« le Cœur de Jésus, leur Epoux crucifié,
« pour demeure et séjour en ce monde, et
« son palais céleste pour habitation éter-
« nelle. »

Vraiment, continuent les Actes du Doctorat de notre Saint, ne semble-t-il pas
avoir préludé à la célèbre formule de prière,
qui se trouve aujourd'hui dans l'univers
catholique, sur les lèvres de tous les fidèles :
« Cœur de Jésus, brûlant d'amour pour
« nous, enflammez le nôtre de votre
« amour! » Car, ce n'est pas seulement
dans son Ordre de la Visitation que le saint
Evêque a suscité et propagé le culte du
Sacré-Cœur, mais encore parmi les âmes
vivant dans le monde, ainsi que le prouvent
beaucoup de passages de ses Œuvres, le
Traité de l'amour de Dieu, Philothée et
plusieurs de ses sermons.

Aussi, l'éminent archevêque de West-
minster, se constituant l'interprète des sen-

timents de l'Episcopat catholique, adjurait-
il avec une parfaite conviction le Souverain
Pontife d'accorder l'auréole de Docteur à
François de Sales, *interprète du divin
amour et légitime père du culte du
Sacré-Cœur de Jésus.*

Et Pie IX, dans le bref pontifical donné
le 16 novembre 1877, pour confirmer le
décret attribuant à saint François cette
gloire nouvelle, résumait toutes ces pensées
par les paroles suivantes : « ... L'on doit
« très particulièrement admirer que, dans
« ses lettres, saint François de Sales, plein
« de l'esprit de Dieu et s'approchant de
« l'auteur même de la suavité, y ait semé
« les germes de la tendre dévotion au
« Sacré-Cœur de Jésus, que, dans les
« temps rigoureux que nous traversons,
« nous voyons, à la très grande joie de
« notre âme, se propager merveilleusement
« et avec un accroissement merveilleux de
« piété. »

b) Son attachement à l'Institution du
Sacré-Cœur et à tout ce qui le concernait.
— Au commencement du siècle, il n'y avait
plus, en France, d'établissements religieux,
où l'enfance pût apprendre à être chrétienne,
où la jeunesse des deux sexes pût se fa-

çonner à la science et aux vertus ; la Révolution de 1789 avait tout détruit.

Alors les Jésuites et les Pères de la Foi tâchèrent de reconstruire l'édifice abattu ; avec cette persistance que rien ne peut vaincre ils cherchèrent à créer sur des ruines. Dès la fin du dix-huitième siècle, l'abbé de Tournély s'était flatté que la princesse Louise de Condé et que l'archiduchesse Marianne d'Autriche l'appuyeraient dans son projet d'établir une Congrégation de Religieuses, destinées à élever les jeunes filles. Cet espoir fut déçu. Le Père Varin, confident de ses plans, ne se découragea pas. Les princesses regardant comme impossible l'accomplissement d'un pareil vœu, il s'adressa simplement à une fille du peuple, et, dans Magdeleine-Sophie Barat, sœur du Père Barat, décédée le 25 mai 1865, déclarée Vénérable le 5 juillet 1879, il trouva la personne qui devait le seconder.

C'était en 1800 que ces évènements se passaient. Peu de mois après, des compagnes se présentèrent spontanément à Mademoiselle Barat, leur nombre s'accrut et, alors, elles reçurent de leur fondateur, le nom de *Dames du Sacré-Cœur*.

Le Père Varin, l'ami de Portalis, et qui fut plus d'une fois soutenu par ce grand ministre, leur traça des Constitutions à suivre et les vit prendre un développement prodigieux. Mais leurs écoles se trouvant toujours et partout bondées de jeunes filles, qui appartenaient plutôt à la classe dirigeante et fortunée de la société, le Père Varin, soucieux de procurer à toute la génération naissante le bienfait d'une éducation chrétienne, établit une seconde Congrégation, dite Congrégation *de la Sainte-Famille*, réservée aux enfants dans l'indigence. Il ne tarda même pas d'en établir une troisième, sous le nom de Congrégation de *Notre-Dame,* pour les jeunes filles de la classe moyenne, dans les villes et dans les bourgades.

Qui ne voit ce qu'il y avait de providentiel dans ce nom de *Dames du Sacré-Cœur,* décerné à la nouvelle Congrégation créée et organisée par le Père Varin? N'était-ce pas donner une forme sensible à la dévotion au Cœur adorable de Jésus et l'élever à la hauteur d'une véritable institution dans l'Eglise? N'était-ce pas ériger, sur la terre, un autel pour le feu perpétuel de l'amour de Dieu? N'était-ce pas, enfin, pour l'abbé Goddard, une autre raison pour aller se prosterner devant l'autel des Apparitions de Paray-le-Monial, qu'il considérait à bon droit comme le berceau de la société du Sacré-Cœur?

c) Sa propre dévotion pour ce Cœur adorable. — Mais, pour lui spécialement, le pèlerinage à Paray-le-Monial avait un irrésistible attrait. Peu de chrétiens avaient étudié comme lui la vie et la mission de la Bienheureuse Marguerite-Marie. Il avait constamment devant les yeux de son esprit les plaintes que Notre Seigneur lui avait fait entendre et que nous avons retrouvées transcrites dans ses cahiers avec les réflexions suivantes :

« *Voilà ce Cœur.* » Oui, c'est bien le
« Cœur de Jésus, le chef-d'œuvre de l'Es-
« prit-Saint ; c'est bien ce Cœur en qui
« habite corporellement la divinité, *in ipso*
« *inhabitat omnis plenitudo divinatis*
« *corporaliter* (*Colos.*, II, 9); » c'est bien
« l'organe des plus nobles, des plus pures,
« des plus sublimes affections qu'il soit
« possible de produire ; c'est bien le Cœur
« du meilleur des maîtres, du plus tendre
« des pères, du plus sincère de tous les
« amis. Oh! qu'il est prompt à s'émouvoir

« en présence de la douleur! que sa bonté
« a été consolante pour la veuve de Naïm,
« pour les sœurs de Lazare! ô mon âme,
« qu'il est sensible à ta misère! »

« *Qui a tant aimé les hommes!* » Sans
« doute Il a aimé les hommes, puisqu'Il
« est mort pour eux tous et qu'il n'en est
« pas un seul qui ne puisse dire : « Il m'a
« aimé et a tout souffert par amour pour
« moi, *dilexit me et tradidit semetipsum*
« *pro me* (*Galat.*, II, 20). » Mais qui
« pourra jamais comprendre jusqu'où va
« cet amour? Jésus-Christ lui-même semble
« ne pas pouvoir l'exprimer. Mais, pour
« en savoir quelque chose, il suffit bien
« de nous rappeler quelques traits de sa
« bonté pour nous, tels que ceux que
« représentent la crèche, la croix, l'autel.
« Oh! un Dieu qui descend des splendeurs
« de sa gloire jusqu'aux misères de notre
« humanité; un Dieu qui se condamne à
« toutes les humiliations et, suivant l'ex-
« pression de saint Paul, à tous les anéan-
« tissements, pour nous élever jusqu'à son
« trône; un Dieu qui se voue à toutes les
« souffrances, pour nous mériter un souve-
« rain bonheur; un Dieu qui fonde une
« Église pour y demeurer constamment

« avec nous ; un Dieu qui porte la ten-
« dresse jusqu'à vouloir que son corps soit
« notre nourriture et son sang notre breu-
« vage. N'est-ce pas là un Dieu qui aime
« infiniment et qui a droit à un amour
« infini ?

« *Et qui, pour prix de ses bienfaits,*
« *ne reçoit de la plupart que de l'ingra-*
« *titude, par les mépris, les irrévéren-*
« *ces, les froideurs, l'indifférence et les*
« *sacrilèges, dont ils se rendent coupa-*
« *bles envers moi, dans le sacrement de*
« *mon amour.* » En effet, combien d'âmes,
« sur la terre, ne connaissent pas la tendre
« et immense charité du Cœur de Jésus !
« Combien d'autres en ont quelque con-
« naissance et ne sont pas plus fidèles à le
« payer d'un juste retour ? Mais il parle
« spécialement ici des outrages positifs,
« dont il est l'objet dans le sacrement de
« nos autels, et nous invite à y penser, pour
« que nous l'aidions en quelque sorte, par
« notre compassion, à porter le poids de
« l'affliction qu'Il en ressent ; car Il cher-
« che des consolateurs : *sustinui qui si-*
« *mul contristaretur... et qui consola-*
« *retur,* et, hélas ! il n'en trouve point :
« *et non fuit... et non inveni* (*Ps.*, LXVIII,
« 21). »

« *Mais ce qui m'est le plus sensible,*
« *c'est que ce sont des cœurs qui me*
« *sont consacrés qui en usent ainsi.* »
« O Cœur sacré de Jésus, ces paroles pé-
« nètrent dans mon âme comme des flèches
« aiguës ! N'est-ce point à moi qu'elles
« s'adressent, puisqu'il n'y a pas de cœurs
« qui vous soient plus consacrés que ceux
« de la tribu sacerdotale ? et j'ai l'honneur
« d'en faire partie. Est-il possible qu'il y
« ait des prêtres qui donnent lieu à des
« plaintes si douloureuses ? Mais si, moi-
« même, je ne vous ai pas fait une guerre
« impie et sacrilège par des profanations
« et des scandales, vous ai-je toujours traité
« avec le respect qui vous est dû ! O Jésus !
« oserais-je me rendre le témoignage que
« je vous aime comme vous devez être
« aimé et que je n'aie jamais affligé votre
« Cœur ? Ah ! je veux l'avouer, quoi qu'il
« m'en coûte ; je mérite cent fois plus de
« reproches que vous ne m'en faites. Je
« m'humilie en me rendant justice : je suis
« bien l'un des ingrats que vous signalez
« dans l'amertume de votre Cœur mé-
« connu.
« O bon Maître, ne me laissez pas mou-
« rir, avant que je me sois prosterné de-

« vant cet autel et dans tous ces lieux bénis
« et sanctifiés par votre présence, alors que
« vous avez déclaré à votre humble ser-
« vante, Marguerite-Marie, que vous nous
« aimiez, c'est-à-dire que vous avez pour
« nous, non pas de la pitié, ni de la misé-
« ricorde, ni même de la bonté, mais de
« l'amour. Oh! qu'il nous est doux de
« répéter ce mot de saint Jean l'Evangé-
« liste : « Oui, nous croyons à l'amour que
« Dieu a pour nous, *et nos credidimus*
« *charitati quam habet Deus in nobis*
« (*I Joan.*, IV, 16). »

« Seigneur, qu'il me soit permis d'aller
« baiser les pierres qui ont fait écho à vos
« oracles de consolation ; j'ai besoin de les
« rendre témoins de l'amende honorable
« que j'ai à vous faire, pour vous avoir si
« peu aimé. Vous pourrez ensuite appeler
« votre serviteur au tribunal de votre jus-
« tice ; j'aurai moins peur. »

Tels étaient les sentiments qui remplissaient le cœur de l'abbé Goddard, au sujet
du sanctuaire vénéré de Paray-le-Monial.

3° *Ce qui s'y passa.* — Une occasion
providentielle vint bientôt leur donner pleine satisfaction : c'est le pèlerinage au tombeau de la bienheureuse Marguerite-Marie,

organisé par Mgr Magnin, évêque d'Annecy et successeur de saint François de Sales. Le jour même qu'il partit d'Annecy, 24 juin 1873, l'abbé Goddard, qui avait été des premiers à se faire inscrire parmi ses adhérents, l'atteignit à Aix-les-Bains, avec les quatre cents pèlerins des diocèses de Chambéry, de Moûtiers et de Saint-Jean-de-Maurienne. C'est là aussi que se rencontrèrent Nosseigneurs Magnin, évêque d'Annecy, directeur du pèlerinage ; Gros, évêque démissionnaire de Moûtiers, et Turinaz, qui devait devenir plus tard le vaillant évêque de Nancy et qui, sacré quelques jours auparavant dans la Métropole de Chambéry, venait d'être intronisé au même siège. L'effusion de sainte cordialité qui marqua leur réunion, aux yeux de tous les pèlerins, fut considérée comme de bon augure. Les trois prélats furent, en effet, leur honneur et leur joie, pendant tout leur voyage.

A Culoz, nouvelle explosion de tendre fraternité ; le train de Genève amenait 60 nouveaux amis du Sacré-Cœur, venant de la Suisse et ayant à leur tête le vénérable M. le chanoine Dunoyer, vicaire-général de Mgr Mermillod. Avec eux se trouvaient deux députations des Visitandines de Fribourg et de Soleure. On crut même, un instant, à la présence de l'illustre orateur de Notre-Dame de Genève : « où est-il ? où est-il ? » disait-on de tous côtés. Hélas ! il devait manquer à la fête. Les nécessités de sa situation, plus encore, peut-être, les susceptibilités jalouses, toujours en éveil, des tyranneaux, auxquels il devait son exil, lui avaient interdit toute part à cette pacifique manifestation. On sentait trop qu'un tel homme, se mettant en chemin pour Paray-le-Monial, aurait décuplé le nombre des pèlerins suisses, autant qu'il aurait réjoui tous ses auditeurs, par les charmes de sa parole. Inutile de dire que la déception causée de son absence assombrit, pendant quelques minutes, le front des pèlerins, jusque-là si rayonnant de joie. Mais ils se consolèrent bien vite, en songeant qu'ils voyageaient, au nombre de 800, sous la garde, non seulement de trois princes de l'Eglise terrestre, qui étaient comme leurs anges conducteurs visibles, mais encore d'un prince de l'Eglise céleste, saint François de Sales, qui était comme leur ange conducteur invisible, tout heureux de les accompagner au glorieux tombeau d'une des Filles de sa chère Visitation.

Ici, nous passons la plume à l'abbé Goddard, qui avait enregistré dans son calepin le récit qu'il devait faire ensuite de vive voix, soit aux Religieuses et aux Élèves du Pensionnat du Sacré-Cœur, soit aux Dames Enfants de Marie. Pour les Sourdes-Muettes, il tenait à le leur faire lire.

Voici ses impressions écrites sur le pèlerinage, à partir de Culoz.

« Oh! comme on se trouvait bien, sous
« la douce influence du plus aimable des
« Saints, dans tout ce religieux convoi!
« quelle aménité dans les rapports! quels
« assauts de prévenances parmi tous les
« voyageurs! quelle affabilité et quelle
« gaieté toutes salésiennes!

« Rien d'intéressant et de touchant à la
« fois comme l'aspect d'un intérieur de
« wagon, pendant que nous nous rendions
« à Paray-le-Monial; sauf de rares inter-
« valles accordés à de frugales agapes, où,
« sans même se connaître, l'*on mettait*
« *tout en commun,* comme dans la pri-
« mitive Eglise, sauf aussi quelques mo-
« ments d'une récréation édifiante, tout
« respirait la plus ardente piété, dans cette
« vie ambulante de dix heures de chemin

« de fer. Ici, l'on priait à voix basse; là
« on méditait sur quelque sujet de piété
« suggéré par un prêtre; ailleurs, on réci-
« tait le Rosaire, entremêlé de réflexions
« parfaitement adaptées à la circonstance,
« au fur et à mesure que l'on parcourait
« les différents mystères de la vie, de la
« mort et de la gloire du divin Sauveur et
« de sa très sainte Mère. Dans un compar-
« timent, on écoutait attentivement la lec-
« ture d'un trait de la vie de la Bienheu-
« reuse Marguerite-Marie; dans un autre,
« on se communiquait ses désirs, ses be-
« soins et l'on se recommandait mutuelle-
« ment aux prières les uns des autres, pour
« obtenir ce que chacun voulait du Sacré-
« Cœur.

« Je n'ai pas surpris un seul pèlerin
« ayant un journal entre les mains, ou
« s'occupant de politique : que ne nous
« ont-ils donc suivis ces publicistes in-
« quiets, qui prétendent voir dans nos
« pèlerinages des démonstrations de partis!
« Ah! il s'agissait bien d'autres choses!
« Qui dira les demandes confiées, alors,
« au Cœur adorable de Jésus? Qui comptera
« les espérances, les incertitudes à éclair-
« cir, les tristesses à dissiper, les blessures

« morales à guérir, les périls à conjurer,
« les défaillances à expier, qu'emportait la
« locomotive? Sollicitudes pastorales, an-
« goisses maternelles, larmes de pères,
« d'épouses, de veuves et de sœurs, rêves
« d'avenir, ardentes aspirations pour les
« intérêts de la patrie et de la religion,
« telles sont les préoccupations qui absor-
« baient nos âmes.

« Durant le trajet tant soit peu prolongé
« d'une gare à l'autre, c'était généralement
« le chant de cantiques divers, d'hymnes,
« de motets, qui se faisait entendre, sur
« un ton, d'ailleurs, modéré, tels que le
« *Magnificat*, l'*Ave maris stella*, le *Salve*
« *Regina* ; le mouvement cadencé du train
« nous y invitait naturellement. Mais,
« dans les arrêts et aux approches des villes,
« les oreilles n'étaient frappées que par le
« murmure des prières et des invocations
« à Marguerite-Marie, à saint François de
« Sales, au Sacré-Cœur, mêlé au sourd
« cliquetis des wagons et au bruit strident
« des jets de vapeur lancés par les loco-
« motives.

« Le chant qui dominait, c'était celui de
« ce cantique si beau de poésie et de mu-
« sique, dont le refrain semblait une som-

« mation de la piété française à son divin
« Roi :

> « Dieu de clémence,
> « O Dieu vainqueur,
> « Sauvez Rome et la France.
> « Au nom du Sacré-Cœur. »

« Jamais je n'oublierai les suaves émo-
« tions que j'ai ressenties, dans notre voyage
« à Paray-le-Monial, de cette animation
« religieuse continue, de cette splendide
« unité de foi, de piété, de charité, qui
« faisait couler de si douces larmes de tous
« les yeux. C'était vraiment un avant-goût
« des délices qui nous attendaient au tom-
« beau de la Bienheureuse Marguerite-
« Marie; nous jouissions de ce *cor unum*
« et de cette *anima una* des premiers
« enfants de l'Eglise. Qu'il faisait bon
« avoir les mêmes pensées, les mêmes sen-
« timents, vivre, en quelque sorte, de la
« même vie : « *Ecce quam bonum et*
« *quam jucundum habitare fratres in*
« *unum* (*Ps.*, CXXXI, 1)! »

« A la station qui suivit Mâcon, notre
« enthousiasme fut encore surexcité, si
« c'était possible, par le spectacle des pèle-
« rins de Grenoble, dont le convoi vint à

« nous contrepasser comme l'éclair. Mais
« ce qui est peut-être encore moins pos-
« sible, c'est de dire les salutations chaleu-
« reuses, les acclamations frénétiques, les
« cris de : vive la Savoie! vive l'Isère!
« qui furent jetés à travers les vasistas des
« deux trains. Le nôtre fut béni dans toute
« sa longueur par Mgr Paulinier, gracieu-
« sement penché vers nous.

« A Cluny, nous saluâmes par un *Salve*
« *Regina* l'antique et célèbre abbaye, que
« les Bénédictins y fondèrent en 910 et où
« fut élevé Grégoire VII. Plus loin, nous
« traversâmes le territoire de Verosores,
« où naquit la Bienheureuse, puis le châ-
« teau de Corcheval, où elle était demeurée
« plusieurs années, auprès de sa marraine,
« haute et puissante dame Marguerite de
« Saint-Amour, mariée à messire de Fau-
« trières-Corcheval, seigneur de Verosores.
« C'est dans la chapelle de ce vieux manoir
« que, cédant aux attraits de l'angélique
« vertu, elle répétait souvent, bien jeune
« encore et sans même bien comprendre
« ce qu'elle disait : « O mon Dieu, je vous
« consacre ma pureté! je vous fais vœu de
« perpétuelle chasteté! » Charolles nous
« rappelle également sa première Com-
« munion.

« Tous ces souvenirs nous faisaient con-
« sidérer comme *saints* les lieux qui nous
« séparaient du terme de notre voyage et
« excitaient dans nos cœurs de vifs senti-
« ments de piété pour le Sacré-Cœur de
« Jésus.

« Enfin, un long sifflement de la loco-
« motive nous annonça que nous y tou-
« chions. Chacun de nous se recueillit dans
« un religieux silence, concentrant toutes
« ses pensées et toutes ses affections vers
« ce sanctuaire des divines apparitions à
« Marguerite-Marie, que nous allions bien-
« tôt voir de nos propres yeux, et tout entier
« aux grâces qu'il allait solliciter. Quel
« moment de ferveur! Pourquoi faut-il, ô
« mon Dieu, que nous ne restions pas tou-
« jours dans cet heureux état d'esprit, qui
« nous ferait accepter avec tant d'empres-
« sement les misères de la vie!

« Les formalités du débarquement et du
« groupement des pèlerins, par diocèses et
« par catégories de personnes, s'effectuèrent
« aussitôt, pendant que le Comité des
« réceptions venait nous souhaiter la bien-
« venue et présenter ses respectueux hom-
« mages à nos Evêques. Sans le retard
« d'un télégramme, la paroisse, prévenue

« à temps, serait venue processionnelle-
« ment à notre rencontre. Puis, notre co-
« lonne s'achemina de la gare à la ville.
« Genève ouvrait la marche, portant sur
« sa bannière l'image de saint François de
« Sales. L'illustre Fondateur de l'Ordre
« de la Visitation nous guidait ainsi lui-
« même vers l'*Eden,* où germa et fleurit
« la si belle et si encourageante dévotion
« au Sacré-Cœur. Après Genève, venait
« le diocèse de Tarentaise, puis celui
« d'Annecy, avec ses trois bannières de
« Mégève, de la Visitation et des fidèles
« d'Annecy, et, enfin, notre archidiocèse
« de Chambéry, fermant le cortège avec
« sa bannière, suivi de plusieurs chanoines
« en habit de Chœur, de M. le chanoine
« Dunoyer, protonotaire apostolique, et de
« nos trois Prélats. La récitation à haute
« voix du Rosaire et des chants variés
« sanctifièrent le parcours d'un fort kilo-
« mètre, que nous avions à faire jusqu'à
« l'église paroissiale, pendant que les habi-
« tants de Paray-le-Monial, rangés en
« grand nombre sur notre chemin, le long
« de leurs maisons, nous acclamaient sou-
« vent au cri : vive la Savoie!

« Arrivés à l'église paroissiale, qui est

« un vrai monument d'architecture romane,
« nous y assistâmes au Salut, présidé par
« Monseigneur l'évêque d'Annecy. Après
« cette cérémonie, dont les chants furent
« exécutés avec une grande puissance et
« un ensemble parfait, nous reçûmes l'or-
« dre de nous caser pour la nuit; ce qui
« ne fut pas difficile, car la prévoyance
« des organisateurs avait déjà assuré à tous
« les pèlerins des logements très conve-
« nables.

« Il était près de huit heures du soir, et
« le jour baissait. Cependant, aucun de
« nous ne put se résigner à prendre du
« repos, sans avoir été dans la chapelle du
« monastère de la Visitation. On s'y rendit
« donc par groupes détachés, pour ne pas
« encombrer son étroite enceinte et, par
« conséquent, sans y séjourner bien long-
« temps. Mais cette courte visite suffit pour
« nous transporter dans un milieu qui nous
« rappelait le troisième ciel de saint Paul,
« *raptum hujusmodi usque ad tertium*
« *cœlum (II Corinth.*, XII, 2). »

« En face de cet autel, qui avait été
« témoin des premières révélations de
« Notre Seigneur à Marguerite-Marie, de
« cette grille du Chœur, à travérs laquelle

« avait rayonné son Cœur brûlant, de
« cette châsse resplendissante, où repose la
« dépouille mortelle de la Bienheureuse,
« dans le Chœur, au milieu d'une forêt de
« cierges, nous n'étions plus sur la terre,
« nous respirions une atmosphère enbau-
« mée de parfums surnaturels. Forcés de
« sortir de ce lieu sacré, qui était pour
« nous le *Saint des Saints*, n'ayant pas
« même le temps d'y reprendre nos esprits,
« troublés par le spectacle émouvant de
« tout ce qui était sous nos yeux, nous nous
« contentâmes d'exprimer des actes d'ado-
« ration et d'amour, nous réservant d'y
« revenir au plus tôt.

« Depuis minuit, en effet, les Messes se
« succédèrent sans interruption jusqu'à
« midi, aux cinq autels de la chapelle de
« la Visitation, et la Table sainte n'y dé-
« semplissait presque pas, pendant qu'aux
« dix autels de l'église paroissiale, des
« prêtres moins heureux offraient le même
« saint Sacrifice.

« Je n'essaierai pas de raconter le mou-
« vement perpétuel de va-et-vient et les
« stations individuelles qui se firent, toute
« la matinée, au sanctuaire des apparitions ;
« j'essaierai moins encore de décrire ce qui

« se passa dans ces intimes communica-
« tions des âmes avec le Cœur d'un Dieu
« et l'âme de la Bienheureuse, en ce para-
« dis de Paray-le-Monial. Un seul signe
« en trahissait les délices. Et ce signe, ce
« n'était pas l'effusion du cœur par la
« parole, car on ne parlait que par néces-
« sité ; mais c'était la sérénité, je n'ose pas
« dire, éthérée, ni céleste, mais surnatu-
« relle, qui rayonnait sur les visages, au
« sortir de ce béni sanctuaire.

« A dix heures, le soleil prit résolument
« la place des nuages, qui, dès le point du
« jour, nous avaient rafraîchis par quel-
« ques averses fort intempestives, et la
« Messe put être célébrée à un autel dressé,
« pour la circonstance, à l'extrémité
« d'une large et fort belle avenue, sur la
« route de Charolles. C'est Mgr Magnin,
« évêque d'Annecy, qui officiait et l'assis-
« tance était innombrable ; car, outre une
« foule d'habitants des environs de Paray,
« les pèlerinages du Mans, de Beauvais
« (avec son évêque), de Blois, de Beaune
« et de Châlons, arrivés la veille et le matin
« même par caravanes de huit cents ou de
« mille, remplissaient de leurs multitudes,
« non seulement l'avenue, mais encore une

« vaste pelouse, qui la bordait en amphi-
« théâtre. Aussi le *Credo,* chanté à l'u-
« nisson par toute cette masse enthousiaste,
« faisait-il l'effet de la voix puissante des
« *grandes eaux, a vocibus aquarum*
« *multarum,* » dont parle l'Esprit-Saint
« par la bouche du Roi-Prophète (*Ps.,* XCII,
« 4). Pendant la cérémonie, la musique du
« Pensionnat des Frères des Ecoles chré-
« tiennes exécuta aussi divers morceaux
« très bien réussis, de sorte que rien ne
« nous manquait pour entretenir notre
« premier élan de piété.

« A deux heures de l'après-midi, nous
« partimes tous de l'église paroissiale, où
« nous avions été convoqués, pour nous
« rendre à la chapelle de la Visitation.
« Nous devions, nous aussi, jouir de la
« faveur exceptionnelle, accordée, cette
« année-là, aux pèlerins, réunis en groupes
« et sous la conduite du clergé, de pénétrer
« dans l'enclos des Religieuses, pour vé-
« nérer les lieux et les objets qui semblent
« parler encore de Marguerite-Marie. Alors
« se déroula une immense procession, ornée,
« non seulement des bannières des diocèses
« présents, mais encore de celles qui étaient
« arrivées les jours précédents et qu'on

« tenait à honneur de sanctifier davantage,
« en quelque sorte, par l'air parfumé des
« *lieux-saints* de Paray. Oh! quel beau
« moment que celui où parurent, avec leurs
« longs crêpes, celles de nos provinces
« séparées! Quel frisson électrique vint
« remuer nos entrailles, quand, aux cris
« de : vive l'Alsace! vive la Lorraine! les
« jeunes gens qui portaient ces étendards,
« laissèrent de grosses larmes tomber de
« leurs yeux!

« C'est ainsi que, après avoir franchi la
« clôture du Monastère, nous pûmes par-
« courir en tous sens les allées nombreuses
« de son grand jardin, faisant alterner le
« Rosaire et d'autres prières avec des
« chants divers, vénérant sur notre pas-
« sage et la petite cour du Saint-Sacre-
« ment, où le Cœur de Jésus était apparu
« à la Bienheureuse, environné des Séra-
« phins, et le bosquet de noisetiers, sous
« lequel Notre Seigneur avait daigné lui
« révéler les mystères d'amour et de souf-
« france de sa Passion, et la première cha-
« pelle érigée au Sacré-Cœur, à l'une des
« extrémités de l'enclos.

« De là, nous rentrâmes dans la cha-
« pelle de la Visitation, pour y vénérer

« une dernière fois le corps de la Bienheu-
« reuse, et nous regagnâmes l'avenue, où
« avait eu lieu la grande cérémonie du
« matin. Là, nous entendîmes en plein air,
« une chaleureuse allocution du R. P.
« Boyslève, sur la mission de la France,
« sur ses gloires, sur ses espérances et sur
« ses dettes au Sacré-Cœur. S. G. Mgr
« Magnin donna ensuite la Bénédiction du
« Très Saint-Sacrement, apporté à cet ef-
« fet, de l'église paroissiale.

« C'est alors que les pèlerins du Mans,
« de Beauvais et des autres diocèses repri-
« rent le chemin de fer.

« Quant à nous, notre retour ne devant
« s'effectuer que vers une heure du matin,
« nous eûmes le plaisir d'aller à la gare,
« au devant des pèlerins belges, avec les
« autres étrangers et tout Paray-le-Monial.

« Ces derniers étaient en route depuis
« trois jours, et trois jours de jeûne les
« avaient disposés à leur religieux voyage.
« Leur nombre était d'environ trois cents
« et tous, apparemment, de condition ; car,
« leur train spécial n'avait que des wa-
« gons de première classe, outre un four-
« gon pour les bagages.

« Aussitôt qu'ils eurent mis le pied sur

« la *terre sainte* de Paray-le-Monial, ils
« s'organisèrent en procession, sans osten-
« tation, mais gravement, en chantant des
« Psaumes. Ils ne rompirent avec leur
« profond recueillement, que pour répondre
« momentanément aux cris multipliés de :
« « vive la Belgique! » par un de : « vive
« la France catholique! vive Pie IX! », et
« ils arrivèrent ainsi dans la chapelle de
« la Visitation.

« Là, par une providentielle coïncidence,
« se trouvait Mgr l'évêque d'Annecy.
« Heureux de sa présence, les pèlerins bel-
« ges le conjurèrent, par l'intermédiaire
« d'un personnage autorisé, de les bénir,
« en qualité de successeur de saint Fran-
« çois de Sales. L'excellent prélat se ren-
« dit volontiers à ce désir. Inspiré en même
« temps par le Cœur de Jésus, il leur
« adressa même des paroles si touchantes
« sur leur esprit de foi et sur le sanctuaire de
« Paray-le-Monial que ces nobles et bra-
« ves Belges laissèrent éclater leur émo-
« tion par ces acclamations réitérées :
« Vive Monseigneur d'Annecy! vive le
« successeur de saint François de Sales! »
« Après la bénédiction, tous les pèlerins
« vinrent successivement s'agenouiller de-

« vant Sa Grandeur et baiser son anneau.
« Ils paraissaient au comble de la joie de
« se rencontrer avec des compatriotes du
« plus aimable des saints. « Ah ! disait l'un
« d'eux, quel bonheur pour nous de trou-
« ver encore ici la Savoie ! Nous avions
« une si grande crainte qu'elle ne fût partie
« avant notre arrivée ! »

« Mais tout n'était pas fini. Vers les
« huit heures du soir, il y eut une proces-
« sion magnifique, allant de la chapelle de
« la Visitation à l'église paroissiale, et à
« laquelle plus de six mille personnes pri-
« rent part, chacune un cierge à la main.
« Les étoiles du ciel qui scintillaient sur
« nos têtes, un air doux et embaumé par
« les fleurs, ces lignes serrées de lumières,
« occupant toute la voie et s'étendant à
« perte de vue, le beau cantique « *Dieu*
« *de clémence* » exécuté par tant de voix
« puissantes et variées, produisaient un
« effet magique. Nous n'étions plus maîtres
« de nous-mêmes ; sous la pression des vifs
« sentiments de foi, de confiance et de
« piété, qui débordaient de nos âmes, nous
« ne pouvions que chanter et pleurer.

« O échos délicieux de l'éternité bien-
« heureuse, pourquoi avez-vous cessé de

« résonner à nos oreilles et à nos cœurs !

« Dans la basilique de Paray-le-Monial,
« Mgr Turinaz fit entendre les accents de
« sa vibrante parole et célébra dans un
« style vigoureux et imagé, élevé souvent
« jusqu'au lyrisme, les grandeurs et les
« immortelles destinées de la France,
« ravissant le Cœur de Dieu et lui donnant
« son cœur.

« Enfin, Mgr Gros, évêque démission-
« naire de Tarentaise, couronna cette mé-
« morable journée par la Bénédiction du
« Très Saint-Sacrement, et la foule s'écoula
« lentement.

« Mais nous, pèlerins de la Savoie, qui
« savions le prix du temps qu'il nous restait
« à passer à Paray, nous ne pûmes nous
« éloigner de la chapelle de la Visitation.
« La plupart d'entre nous y stationnèrent
« jusqu'à minuit, afin de pouvoir une fois
« encore s'y asseoir au banquet eucharis-
« tique et nous ne quittâmes le sanctuaire
« de Marguerite-Marie, qu'au moment où
« toutes les places en furent réclamées pour
« les pèlerins de la Belgique.

« Du reste, c'était, pour nous, l'heure de
« remonter dans notre train spécial ; nous
« nous y rendîmes péniblement et les yeux
« mouillés de larmes.

« Notre retour eut la même physionomie
« que notre aller, à cette nuance près que
« l'enthousiasme du désir et de l'espérance
« avait fait place aux joies plus douces et
« moins expansives de la possession des
« grâces et des suavités du Cœur de Jésus.
« Le « *Magnificat* » avait remplacé le
« *Parce Domine.* »

« A Culoz, nous saluâmes les pèlerins
« de Genève. A Aix-les-Bains, nous eûmes
« le regret de nous séparer aussi de Mgr
« Magnin. Mais, comme ce vénérable et
« bien-aimé prélat avait été l'âme du pèle-
« rinage, chacun de nous éprouvait le
« besoin de lui témoigner sa reconnaissance
« et sa sympathie. Nous profitâmes donc
« du temps d'arrêt des deux trains d'An-
« necy et de Chambéry, pour nous pros-
« terner à ses pieds, baiser son anneau et
« implorer sa bénédiction. Un élan spon-
« tané faisait retentir en même temps le
« cantique « *Dieu de clémence,* » et cette
« manifestation de religieux respect se ter-
« mina par les cris échangés de : « Vive
« l'évêque d'Annecy! vivent les évêques
« de Tarentaise! »

Ces pages écrites par l'abbé Goddard le
font mieux connaître dans son ardente piété,
que tout ce qu'on peut en dire.

JUBILÉ SACERDOTAL.

Depuis son pèlerinage à Paray-le-Monial, l'abbé Goddard, heureux comme le vieillard Siméon, au sortir du temple de Jérusalem, où ses yeux avaient pu contempler le Messie, semblait ne plus tenir à la terre. Confiné dans son humble et chère solitude, il faisait deux parts de son temps : par l'une, il se préparait à paraître devant Dieu, dans la prière et dans la méditation des vérités éternelles; par l'autre, il travaillait constamment à l'instruction et à la sanctification de son troupeau. Mais, comme, suivant saint Ignace de Loyola, rien ne contribue plus à sanctifier les autres que de travailler à sa propre sanctification, la quadruple communauté qu'il dirigeait, profitait dans une large mesure d'une si avantageuse disposition.

Ne cachons pas non plus que, semblable à l'Apôtre bien-aimé, au fur et à mesure qu'il acquérait des années, il paraissait acquérir aussi quelque chose en charité. Tous ceux qui l'ont suivi de près, de 1873 à sa mort, aiment à parler de son affectueux dévoûment, de sa douceur et de son indulgence évangéliques, de son habileté merveilleuse à faire naître ou à entretenir la vertu et la piété dans les âmes, de son plaisir à faire du bien à tout le monde (1).

Cependant l'année 1893 lui réservait de nouvelles émotions et, surtout, une épreuve pour lui bien redoutable, celle de voir son nom livré à un retentissement presque universel. Le 10 du mois de juin de cette année coïncidait avec le cinquantième anniversaire de sa première Messe. Une pareille circonstance ne pouvait échapper à l'attention de son entourage et de tant de personnes qui lui devaient le trésor le plus précieux de ce monde : le trésor de la paix de l'âme.

Aussi, longtemps d'avance, la Maison du Sacré-Cœur prit-elle la résolution de ne rien négliger pour célébrer le jubilé sacerdotal de son vénérable aumônier avec toute la dignité possible, et les Religieuses, les

---

(1) C'est dans cet intervalle qu'il refusa jusqu'à trois fois la dignité de Vicaire général. Elle lui fut présentée, d'abord, par Son Eminence le Cardinal Billiet, en 1866, pour remplacer Monseigneur Gros, promu à l'évêché de Tarentaise; puis, en 1878, par Mgr Pichenot, à la mort de M. le Vicaire général Rosset; enfin, en 1884, par Mgr Leuillieux, pour succéder à M. le Vicaire général Siruguet.

Elèves du Pensionnat, les Dames Enfants de Marie, les Sourdes-Muettes rivalisèrent de générosité dans l'expression de leur reconnaissance à son égard. Mais, comme on n'ignorait pas ses goûts, tout fut préparé à son insu, et ce n'est que lorsque tout fut organisé pour la fête qu'on le prévint des mesures prises. C'était la veille même de ce jour, après lequel ses ouailles soupiraient avec tant d'ardeur depuis plus d'une année et quelques minutes seulemeut avant l'heure qu'elles avaient fixée, pour lui présenter leurs hommages. Dire sa surprise, son trouble, sa peine, son mécontentement visible est chose impossible. Lui, qui ne songeait plus qu'à terminer sa vie dans le silence le plus absolu, se voir le point de mire de tout le diocèse! On lui aurait annoncé sa condamnation au supplice du pilori, tel qu'on le faisait subir autrefois aux criminels, qu'il n'aurait pas été plus contrarié. Toutefois, après avoir repris son calme, se voyant mis en demeure de choisir entre contrister réellement sa famille spirituelle et boire le calice amer qui lui était présenté, il n'hésita plus : il préféra ce qu'il appelait « monter sa voie douloureuse, » espérant bien que le Dieu des miséricordes lui tiendrait compte d'un pareil sacrifice.

Au surplus, à peine avait-il délibéré par devers lui-même qu'il lui fallut se présenter successivement aux quatre communautés de la Maison, pour recevoir leurs compliments. Dominé, alors, par une tendresse toute paternelle, il oublia tous les sentiments pénibles, qu'il avait éprouvés tout d'abord, et trouva dans son cœur des paroles, courtes et mesurées, il est vrai, mais si pénétrantes qu'elles firent couler les plus douces larmes de tous les yeux. En face de ces différents groupes d'enfants bien-aimées, le bon vieillard était vraiment l'image de ces grandes figures de la primitive Eglise, telles que saint Jean ou saint Polycarpe, donnant leurs derniers avis aux fidèles, qui avaient vécu pendant de si longues années sous leur houlette pastorale et qui ne pouvaient croire à la possibilité de vivre sans voir à leur tête ces héros de la foi.

Malgré la mystérieuse discrétion qui enveloppe l'existence des Religieuses du Sacré-Cœur, nous avons pu recueillir ce beau témoignage qu'il leur donna, à cette occasion, de son long apostolat auprès

d'elles : « au Sacré-Cœur, dit-il, j'ai ren-
« contré la réalisation de l'idéal que je
« m'étais fait dès ma jeunesse, d'une vie
« religeuse parfaite. Et je dois ajouter que,
« depuis quarante-deux ans que j'ai le
« bonheur d'y travailler, on n'a fait que
« croître en charité pour moi. »

Madame la Supérieure lui fit part, ensuite,
d'une bénédiction spéciale du Pape
Léon XIII et lui annonça que, le lendemain, cinquante (chiffre symbolique) Messes
devaient être célébrées pour lui dans les
principaux sanctuaires du monde catholique, par les soins de la Maison du Sacré-
Cœur de Chambéry. Elle lui dit également
que toutes les autres Maisons de la Société
s'unissaient par leurs prières et par la
Communion à la sainte joie de cette dernière, qui pouvait, en ce jour, remercier
et bénir la Providence d'avoir possédé,
pendant près d'un demi-siècle, le même
ange conducteur, avec sa sagesse et son
dévouement consommés. Enfin, après
l'avoir invité à jeter un coup d'œil sur une
table artistement dressée près de lui et
couverte de cinquante souvenirs de l'Art
religieux, offerts par différentes Maisons de
la Société, elle lui remit un charmant petit

album, dont les fines enluminures encadraient cinquante textes de la Sainte-Ecriture, rappelant sa vie entière, depuis son baptême jusqu'à ce moment.

Pensant que nos lecteurs les liraient avec plaisir, nous avons cru devoir en reproduire ci-après quelques-uns pris au hasard :

Je t'ai aimé d'un amour éternel.
(Jérémie, xxxi, 3).
Seigneur, dès le matin, vous entendez ma voix.
(Psaume, v, 3).
L'Esprit du Seigneur se reposera sur lui : l'Esprit de sagesse et d'intelligence, de conseil et de force, de science et de piété, et la crainte du Seigneur le remplira. *(Isaïe, xi, 2, 3).*
Le cordeau est tombé pour moi dans une terre délicieuse. *(Psaume, xv, 6).*
Mon bien est de m'attacher à Dieu et de mettre dans le Seigneur toute mon espérance.
(Psaume, lxxiii, 28).
Vous puiserez avec joie aux fontaines du Sauveur.
(Isaïe, xii, 3).
Que rendrai-je au Seigneur pour tous les biens dont Il m'a comblé? Je prendrai le Calice du salut et j'invoquerai son saint Nom. *(Psaume, cxv, 12, 15).*
Le Seigneur a fait avec lui une alliance de paix et il l'a établi prince de son peuple.
(Ecclésiastique, xliv, 45).
Qu'ils sont beaux sur la montagne les pieds de celui qui annonce le bonheur, qui prêche le salut et qui dit à Sion : il règnera ton Dieu. *(Isaïe, lii, 7).*
Ce qui était perdu, je le chercherai ; ce qui était égaré, je le ramènerai ; ce qui était brisé, je le lierai ;

ce qui était faible, je le fortifierai ; ce qui était fort, je le conserverai. (*Ezéchiel*, xxxiv, 16).

Le Seigneur se réjouira dans ton amour.

(*Sophonie*, iii, 17).

Voici que je t'ai donné la garde de mes prémices, de tout ce qui est consacré. (*Nombres*, xviii, 8).

Le cœur droit habitera dans la solitude.

(*Isaïe*, xxxii, 16).

Donnez-moi des âmes. (*Genèse*, xiv, 21).

Je suis dans la guérite du Seigneur, y faisant ma garde. (*Isaïe*, xxi, 8).

Ma bouche dira la Sagesse ; et la méditation de mon cœur, la prudence. (*Psaume*, xlviii, 3).

L'Esprit du Seigneur a été mon Guide.

(*Isaïe*, lxiii, 14).

Dans le silence et dans l'espérance sera ma force.

(*Isaïe*, xxx, 15).

Le Seigneur m'a envoyé pour guérir ceux qui ont le cœur contrit, pour consoler tous ceux qui pleurent.

(*Isaïe*, lxi, 1).

Je ne cesserai pas d'instruire ceux qui cherchent la Sagesse. (*Ecclésiastique*, xxiv, 49).

A l'homme bon, Dieu a donné la sagesse, la science et la joie. (*Ecclésiaste*, iii, 26).

Celui que tu béniras sera lui-même béni.

(*Nombres*, xxiv, 9).

Eternellement, je lui conserverai ma miséricorde, et mon alliance lui sera fidèle. (*Psaume*, lxxxviii, 28).

Ces pensées délicates, tombées du ciel, sont autant de traits qui peignent admirablement l'âme de l'abbé Goddard.

A la fin de l'album était écrite, en poésie harmonieuse, l'offrande des cinquante Messes dont nous avons déjà parlé.

Toute petite qu'elle soit, c'est une pièce
qui n'en est pas moins intéressante et que
nous n'éprouvons pas moins de plaisir à
transcrire ici :

> « Sachant toute notre impuissance,
> « Prenons cinquante fois Jésus,
> « Pour l'offrir à la Providence
> « Des petits comme des élus.
> « Que dans cinquante sanctuaires
> « La Victime soit sur l'autel,
> « Emportant nos humbles prières,
> « Jusques aux pieds de l'Eternel.
> « En cette fête jubilaire,
> « C'est notre unique souvenir ;
> « Donner Dieu seul à notre Père,
> « C'est l'obliger à nous bénir. »

Après les Religieuses du Sacré-Cœur,
les Elèves du Pensionnat purent, à leur
tour, exprimer leur respectueuse gratitude
à leur excellent Aumônier par des discours
et par des dialogues d'un goût achevé.
Elles lui présentèrent ensuite une fort belle
aube, brodée de leurs mains.

Les Sourdes-Muettes accompagnèrent
aussi leurs paroles de reconnaissance admirablement « articulées » d'un magnifique
cingule soie blanche et or fin, destiné,
comme l'aube, à la Messe jubilaire.

Mais ce n'était là que le prélude de la

fête. Le lendemain, le soleil se leva, radieux, annonçant que cette fête se faisait au ciel comme sur la terre, et, à neuf heures, la chapelle du Sacré-Cœur, splendidement éclairée et ornée de riches tentures et d'oriflammes aux couleurs variées, se trouvait trop étroite pour contenir la foule des invités. La nef, réservée aux Dames Enfants de Marie était comble, et les prêtres, comme les laïcs, ne pouvaient tenir dans le sanctuaire.

C'était l'heure de la cérémonie, elle ne se fit pas attendre. Aux sons majestueux de l'orgue, on vit donc aussitôt l'abbé Goddard, précédé des ministres sacrés, s'avancer vers l'autel avec les ornements confectionnés pour la circonstance. Il était naturellement l'objectif de l'attention publique, et pas n'était besoin de le regarder longtemps pour voir que sa physionomie, sa voix, sa démarche, tout trahissait en lui les émotions qui remplissaient son âme. Néanmoins, tout respirait en lui sa gravité ordinaire, et il portait dans sa personne quelque chose de l'ascendant surnaturel que l'illustre évêque de Césarée exerçait jadis sur l'empereur Valens. Ce jour-là, il édifia l'assistance, comme il l'avait toujours fait, en célébrant le Saint-Sacrifice.

A l'Evangile, le R. P. Monnot, de la Compagnie de Jésus, monta en chaire et fit avec une rare éloquence, l'allocution que tout le monde attendait avec impatience. Du reste, en voici le résumé substantiel :

Te Deum laudamus; te Dominum confitemur : O Dieu, nous vous adorons! O Seigneur, nous vous proclamons notre Maître! (Hymne de saint Ambroise).

MES SŒURS,

« C'est le cœur attendri par les plus vifs
« sentiments de reconnaissance et de piété
« filiale que ce soir, au déclin de ce beau
« jour, vous ferez entendre d'une commune
« voix, ce chant sublime d'action de grâces :
« O Dieu, nous vous adorons! O Seigneur,
« nous vous proclamons notre Maître!

« Vous le ferez entendre, pour remercier
« Dieu de ses nombreux bienfaits, autour
« de ce prêtre vénérable, qui en a été pour
« vous l'intermédiaire et qui ainsi vous est
« devenu si cher.

« Et vous aussi, Monsieur le Chanoine,
« vous le ferez entendre pour exprimer à
« Notre Seigneur Jésus-Christ votre grati-
« tude ineffable, en considérant le demi-

« siècle qui vous sépare du jour à jamais
« béni, où vous montiez au saint autel pour
« la première fois.

« Sans doute, vous auriez mieux aimé,
« en cette circonstance, un acte de remer-
« ciement fait avec ferveur, mais unique-
« ment sous le regard de Dieu, au lieu de
« cette touchante et sympathique manifes-
« tation qui vous entoure. Mais encore
« avez-vous su l'accepter de bonne grâce :
« laissez-moi vous dire la profonde recon-
« naissance que vous en garderont et la
« Société du Sacré-Cœur et tous ces per-
« sonnages distingués, qui ont tenu à
« honorer aujourd'hui votre belle carrière
« sacerdotale. Non, votre cœur paternel ne
« pouvait pas priver une famille spirituelle
« si nombreuse d'une satisfaction si légi-
« time.

« Du reste, ce n'est pas seulement pour
« honorer l'homme, que l'on fait sonner,
« à pareil jour, la trompette du jubilé, mais
« c'est encore et surtout pour honorer le
« Très Haut, source de tous les biens et
« rénumérateur de toutes les vertus. »

L'orateur termina ensuite son exorde, en
déclarant que, pour se montrer fidèle obser-
vateur de sa promesse envers le vénérable

Aumônier, il ne dirait rien de sa vie propre, mais qu'il se contenterait de faire l'éloge du prêtre catholique dans sa mission sublime.

C'était une déception pour son auditoire. Mais il traita son sujet avec une telle profondeur et des applications si intéressantes qu'il la lui fit bien vite oublier.

Selon la doctrine catholique développée par le R. P. Monnot, le prêtre catholique est le représentant de Dieu auprès des hommes, le représentant des hommes auprès de Dieu; le représentant de Dieu auprès des hommes par toutes les fonctions qu'il remplit au nom de Jésus-Christ, et le représentant des hommes auprès de Dieu par toutes les fonctions qu'il remplit soit en leur nom et pour suppléer à leur négligence, soit par zèle pour leur salut.

D'abord, le prêtre catholique est si bien le représentant de Dieu auprès des hommes que c'est Dieu lui-même qui l'envoie vers eux, pour leur prêcher sa doctrine, leur conférer sa grâce par les sacrements et les faire parvenir à la gloire.

Notre Seigneur Jésus-Christ lui dit, comme il avait dit à ses Apôtres réunis au Cénacle, la veille de sa mort : « *non vos*

« *me elegistis, sed ego elegi vos* », ce
« n'est pas vous qui m'avez choisi, mais
« c'est moi qui vous ai choisis (*Joan.*,
« xv, 16)... C'est moi qui vous ai retirés
« du monde et de ses dangers, *elegi vos*
« *de mundo* (*Joan.*, xv, 19) » C'est moi
« qui depuis votre plus tendre enfance ai
« veillé sur vous d'une manière toute pa-
« ternelle et qui, par un heureux concours
« de circonstances, que j'ai souvent ména-
« gées à votre insu, vous ai conduits dans un
« pieux asile, pour sauvegarder votre vertu
« et pour vous former à la science et à
« la piété, « *elegi vos de mundo.* »

Puis vient un jour solennel, où cet élu
du Seigneur reçoit l'onction sacerdotale,
avec la mission de continuer sur la terre
l'œuvre de son divin Maître, « *posui vos,*
« *ut eatis et fructum afferatis,* je veux
« que vous alliez sauver les âmes qui m'ont
« coûté si cher (*Joan.*, xv, 16)... Allez
« donc, comme mon Père m'a envoyé, moi
« aussi je vous envoye, *sicut misit me*
« *Pater et ego mitto vos* (*Joan.*, xx, 21).

Dès ce jour-là, il est « ministre de Dieu,
Dei minister (*Rom.*, xiii, 4), le représentant de Jésus-Christ auprès de son
peuple, *pro Christo legatione fungi-*

« *mur, tanquam Deo exhortante per*
« *nos* (*II Cor.*, V, 20), » ou plutôt, suivant
le mot de saint Jean Chrysostome, « il est
« un autre Jésus-Christ, *sacerdos alter*
« *Christus.* » C'est lui qui, au nom de
Jésus-Christ, ouvre les canaux secrets de
la grâce, en disant : « je te baptise au nom
« du Père et du Fils et du Saint-Esprit,
« *egote baptiso in nomine Patris et*
« *filii et Spiritus Sancti* (*Matth.* XXVIII,
« 19) ; ceci est mon corps, ceci est mon
« sang, *hoc est corpus meum, hic est*
« *sanguis meus* (*Matth.*, XXVI, 26, 27) ;
« je vous absous de tous vos péchés, *ego te*
« *absolvo a peccatis tuis* (*Joan.*, XX, 23). »
C'est lui aussi à qui Jésus-Christ a dit
dans la personne des Apôtres : « *euntes*
« *docete omnes gentes,* allez prêcher mon
« Evangile à toute créature (*Matth.*,
« XXVIII, 1). Celui qui vous écoute, m'é-
« coute moi-même ; celui qui vous méprise
« me méprise aussi, *qui vos audit me*
« *audit, et qui vos spernit me spernit*
« (*Luc,* X, 16). »
Aussi saint Paul écrit-il aux premiers
chrétiens de la Galatie : « ne vous y trom-
« pez pas, l'Evangile que je vous ai an-
« noncé n'a rien de l'homme, *evangelium*

« *quod est evangelizatum a me non est*
« *secundum hominem (Galat.,* I 11). »
Et, répondant un jour à l'un des disciples
qu'il avait ordonné prêtre, il ne trouve pas
de titre plus propre à exprimer sa haute
dignité, que celui d'homme de Dieu, « *tu*
« *autem, o homo Dei* (*I Timoth.,* VI, 11). »

O merveilleux pouvoir que celui du prêtre catholique ! C'est Jésus-Christ, sans
doute, qui parle par notre bouche et qui se
sert de nos organes, et pour régénérer
l'âme dans les eaux du Baptême, et pour
s'incarner entre nos mains, et pour rendre
la vie de la grâce à l'homme coupable !
Cependant, il n'en est pas moins vrai que,
dans tous ces mystères, le prêtre de l'éternité obéit au prêtre du temps, que le Créateur s'incline devant sa faible créature,
que le Roi immortel des siècles se soumet
à un simple mortel. Il n'en est pas moins
vrai que c'est la voix du prêtre qui ouvre
le Ciel et fait descendre l'Homme-Dieu sur
nos autels, que c'est le prêtre qui est chargé de conclure la paix entre Dieu offensé
et le pécheur, « *dedit nobis ministerium*
« *reconciliationis* (*XI Cor.,* V, 18) » ; que
c'est entre les mains du prêtre que Dieu
remet sa cause et les intérêts de sa gloire,

en lui disant comme il disait à ses prophètes : « je vous établis juge entre mon
« peuple et moi, *judicate inter me et*
« *vineam meam* (*Isaïe*, V, 3) ». Cet homme est pécheur, il m'a indignement outragé ; je pourrais le juger moi-même à l'instant et le punir ; mais je veux m'en rapporter à vous-même. Tout ennemi qu'il est
pour moi, je le regarderai comme un ami
sincère, dès que vous l'aurez déclaré tel.
Qu'il se repente, et dès que vous lui aurez
pardonné, je lui pardonnerai moi-même, et
les portes du Ciel qui lui étaient fermées
s'ouvriront pour le recevoir ; je lui rendrai
ses mérites et mon amour.

Voilà le pouvoir du prêtre catholique.
En est-il de semblable sur la terre! Non,
je n'en vois pas un qui puisse lui être comparé, et il n'y a que Dieu qui pouvait communiquer à l'homme une si belle prérogative.

Anges du Ciel, vous offenserez-vous, si
je vous dis que, supérieurs aux prêtres par
l'excellence de votre nature, vous n'avez
pas pourtant un pouvoir qui égale le sien.

Ah! vous, vous assistez à la célébration
de nos augustes Mystères, prosternés aux
pieds de nos tabernacles ; mais vous n'êtes

que les témoins silencieux de ces mystères,
tandis que le prêtre en est le propre ministre. Vous y reconnaissez la présence du
Verbe incarné, reconnaissez-y donc aussi
la supériorité du prêtre, qui touche, qui
s'incorpore l'éternel objet de vos adorations
et de votre amour ! « *O veneranda sacer-*
« *dotum dignitas,* ô admirable dignité du
« prêtre, » s'écrie saint Augustin et, après
lui, tous les Pères et tous les Docteurs de
l'Eglise !

Non, après cela, je ne m'étonne plus que
le Très Haut ait dit à tous les peuples :
« Gardez-vous de toucher à mes ministres
« et de les maltraiter ; celui qui y touche
« me touche à la prunelle de l'œil. *nolite*
« *tangere christos meos et in prophetis*
« *meis nolite malignari (Psaume,* CIV.
« 15); *qui enim tetigerit vos tangit pu-*
« *pillam oculi mei (Zacharie,* II, 8). »

Je ne m'étonne donc plus de voir, au
concile de Nicée, le grand Constantin,
maître du monde, vouloir occuper la dernière place, après tous les prêtres. Je ne
m'étonne plus d'entendre saint François
d'Assise lui-même, qui, par humilité, refusa toute sa vie, l'honneur du sacerdoce,
dire hautement : « Si je rencontrais ensem-

« ble un ange et un prêtre, je fléchirais
« d'abord le genou devant le prêtre et en-
« suite devant l'ange. »

O glorieux privilège que celui du prédicateur catholique! C'est de la part de Dieu
qu'il se présente aux hommes. Ce qu'il leur
dit, ce n'est pas une invention de sa propre
intelligence, ni celle de quelque génie, dont
il adopte les pensées ; non, ce sont les pensées, c'est la parole de Dieu même, de sorte
que nous pouvons répéter à ceux, vers qui
nous sommes envoyés, ce que les anciens
prophètes disaient au peuple d'Israël :
« Écoutez la parole de Dieu, *audite ver-*
« *bum Dei;* voici ce que dit le Seigneur,
« Dieu tout-puissant, *hoc dicit Dominus*
« *Omnipotens.* »

Voilà pourquoi, dans tous les temps, des
prodiges de grâce ont manifesté l'action
de Dieu dans la parole du prêtre, et souvent avec tant d'éclat que jamais homme
sensé n'a pu s'y méprendre. Sans rappeler
les prodiges opérés par la parole des anciens prophètes, les Apôtres n'ont-ils pas
renouvelé la face de la terre, par la vertu
que l'Esprit-Saint attachait à leur prédication? Qu'a-t-il fallu à ces hommes sans
instruction et sans éloquence humaine pour

conquérir l'univers, et le conquérir à la croix, aux humiliations, à l'abnégation, en un mot, aux lois pénibles de l'Evangile? Pas d'autres armes que la parole, mais « la « parole de Dieu, *verbum Dei.* »

Et plus tard, fut-il possible de méconnaître la puissance divine dans la prédication des Vincent Ferrier, des Antoine de Padoue, des Xavier, des Claver, des François de Sales et autres apôtres des temps modernes?

Et ne voit-on pas encore tous les jours l'homme qui s'aime tant, qui se flatte tant, devenir, par la vertu de la sainte parole, supérieur à lui-même; supérieur à ses passions, pour les réprimer; à ses propres intérêts, pour y renoncer; au monde, pour le mépriser?

Voyez, au contraire les habiles professeurs des Lettres ou de Sciences profanes, qui font des cours savants dans les chaires de la Capitale : pourquoi n'ont-ils qu'un tout petit nombre d'auditeurs, et même, quand ils en ont un certain nombre, pourquoi leur doctrine trouve-t-elle si peu d'écho? Ah! c'est parce que ce qu'ils annoncent est leur pensée, leur opinion, leur doctrine; une pure opinion d'homme, qui ne peut avoir la vertu de pénétrer jusqu'aux âmes, de les persuader, de les convaincre, jusqu'à se sacrifier pour la défendre.

Tel est le prêtre catholique, représentant de Dieu auprès des hommes.

Mais, si le prêtre catholique est le représentant de Dieu auprès des hommes, par toutes les fonctions qu'il remplit auprès d'eux au nom de Jésus-Christ, il n'est pas moins le représentant des hommes auprès de Dieu, par toutes les fonctions qu'il remplit, soit en leur nom et pour suppléer à leur négligence, soit par zèle pour leur salut, « *pro hominibus constituitur in* « *iis quæ sunt ad Deum* (*Heb.*, v, 1). »

Oui, mes Sœurs, le prêtre catholique est aussi bien l'homme de son peuple qu'il est l'homme de Dieu. Sa vie tout entière est une vie de sacrifice et de dévouement à ses frères. Et ce dévouement complet se traduit à chaque instant, soit par les prières qu'il adresse pour eux au ciel, soit par les soins spirituels et temporels qu'il ne cesse de leur prodiguer, soutenant toujours et partout leurs intérêts de tous genres et les aidant par tous les moyens en son pouvoir à parvenir au séjour des élus.

Parmi ses occupations, il en est une beaucoup plus importante qu'on ne pense, pour son peuple comme pour lui-même : c'est la prière, surtout la récitation du Bréviaire, qu'on a bien raison d'appeler le Saint-Office.

Je sais bien que certaines gens, d'une légèreté singulière, osent dire quelquefois : à quoi bon tant de prières ! Qu'il me suffise de dire qu'ils devraient, au contraire, bénir de tout leur cœur, le prêtre appliqué à son Saint-Office; car il prie pour ceux qui ne prient pas, ou qui prient mal et qui malheureusement sentent si peu le besoin de la prière.

A quoi bon tant de prières ! Mais les impies ne jettent-ils pas chaque jour à la face de Dieu des milliers de crimes qui sollicitent ses vengeances ? Et si la foudre n'éclate pas immédiatement sur leurs têtes, si des châtiments de toutes sortes ne viennent pas s'appesantir sur leurs familles et sur leurs biens, n'est-ce pas parce que le prêtre apaise la colère du Tout-Puissant par ses prières et surtont par l'offrande de la sainte Victime, qui, sur l'autel comme sur la croix, demande pardon pour ses bourreaux !

Puis, la vie des enfants d'Adam n'estelle pas un combat continuel, où ils sont aux prises avec les démons, les séductions du monde et l'entraînement de leurs propres passions ! Comment ne seraient-ils pas bientôt vaincus dans cette lutte inégale, si le prêtre, comme autrefois Moïse sur la montagne, ne priait pour les combattants en danger, « *cumque levaret Moyses* « *manus, vincebat Israël; sin autem* « *paulatim remisisset, superabat Ama-* « *lec* (*Exod.*, XVII, 11). »

Oui, mes Sœurs, c'est le prêtre qui les sauve, comme vous aussi par vos prières et par votre vie de sacrifices. Semblable aux anges que Jacob vit monter au Ciel et descendre sur la terre, le prêtre se charge de porter leurs vœux au pied du trône de l'Eternel. S'il n'obtient pas toujours les grâces qu'il demande pour eux, c'est que trop souvent eux-mêmes, loin de s'unir à lui, suspendent l'effet de ses prières par leurs désordres sans cesse renaissants.

Enfin, sans lui, qui rendrait au Seigneur les actions de grâces qu'Il mérite pour tous ses bienfaits ? Le monde n'aurait-il pas à craindre que son ingratitude n'en tarît la source ? Mais, consolons-nous, le prêtre est encore là, pour payer ce tribut, et ce tribut est encore l'Agneau sans tache, qui a été immolé sur le Calvaire pour la Rédemption du genre humain.

Mais, ce n'est pas seulement par la prière que le prêtre se montre l'homme de son peuple, c'est aussi par les autres soins spirituels et temporels qu'il ne cesse de leur prodiguer. Il ne se contente pas d'attendre dignement dans la maison de Dieu, comme représentant de Jésus-Christ, des fidèles à baptiser, à absoudre, à instruire, ou l'heure d'y renouveler par la sainte Messe le grand Sacrifice de la Croix ; il ne néglige rien pour tenir allumé, parmi ses ouailles, le feu sacré de la vertu et de la piété ; les réunit souvent au pied des autels, pour les attacher, soit par sa parole, soit par toutes les attractions du culte le plus pompeux et le plus varié, à une religion qui répond si bien à toutes les belles aspirations de l'âme et qui charme si agréablement les épreuves de la vie, et se trouve constamment à leur disposition, comme guide, comme conseiller, comme ami discret, fidèle, dévoué et comme dispensateur des sacrements.

Après avoir exposé ces idées fondamentales sur la mission du prêtre catholique, l'orateur renouvela son vif regret de ne pouvoir rien dire de propre à la carrière si bien remplie du vénéré jubilaire. Mais il adjura son pieux auditoire d'interroger ses souvenirs, de bénir le Dieu trois fois saint de ses bienfaits et de demander de longs jours encore pour leur bien-aimé Père spirituel.

Au cours de la Grand'messe, les Elèves du Pensionnat exécutèrent les chants liturgiques et divers motets avec une pureté de goût et un fini d'ensemble qu'il ne serait pas possible de dépasser.

A midi, un repas offert par la Maison du Sacré-Cœur et qu'on pourrait appeler somptueux, si l'on ne s'était pas étudié à en éliminer tout ce qui sent l'éclat, réunissait autour de l'abbé Goddard l'élite du clergé de Chambéry.

Plusieurs toasts, en prose et en vers, furent portés à la louange des cinquante ans d'une vie, non seulement irréprochable sous tous les rapports, mais laborieuse et éminemment féconde pour la gloire de Dieu et l'honneur du diocèse. Dans ce rude assaut d'esprit, on aurait pu croire l'abbé Goddard troublé, désorienté. Erreur profonde ; jamais il ne s'était montré si riche en ressources de tous genres. Il acceptait tout de la manière la plus aimable et la plus naturelle du monde. Mais son sourire plein de finesse et frisant l'incrédulité, ses fréquentes saillies, toutes plus spirituelles les unes que les autres et marquées, d'ailleurs, au coin d'un tact parfait, les courtes réponses qu'il pouvait placer parmi les compliments, tout en lui démolissait agréablement les prétendues exagérations qu'on lui faisait entendre.

Chacun aimait à dire ensuite, en revenant sur cette charmante réunion et sur l'abbé Goddard : « La vertu s'impose... la vertu seule est aimable. »

Le soir, la fête fut terminée par le *Te Deum* et une Bénédiction solennelle du Très-Saint Sacrement.

V

Ses derniers jours.

Sa maladie. — Sa mort. — Ses funérailles.

Sa maladie. — La Grand'Messe du 10 juin 1893 fut pour l'abbé Goddard le chant du cygne; il ne devait plus, à l'avenir, en célébrer de solennelle. Il est vrai que le reste de l'année jubilaire se passa sans incident; mais l'année suivante ne lui ressembla pas. Ce fut une année de grand deuil pour la Maison du Sacré-Cœur de Chambéry; après avoir eu la douleur de perdre Madame Lehon, sa digne Supérieure, tant aimée de ses filles, et Madame de Sartorius, la Supérieure Générale de la Société, elle eut celle d'apprendre la maladie mortelle dont son vénéré Père spirituel subissait les premières atteintes. Une tumeur squirreuse, compliquée d'autres affections, qui s'était formée dans son corps, avait déjà pris le caractère d'un mal incurable. Aussi dépérissait-il chaque jour d'une manière de plus en plus sensible. Mais, continuant de vivre dans une soumission complète à la volonté de Dieu, il se con-

tentait de souffrir en silence, sous son
regard paternel, l'esprit et le cœur constamment occupés des scènes du Calvaire.

Cette triste nouvelle fut pour la Maison
un coup de foudre et la plongea dans la
consternation. Comment pouvait-il se faire
que ce bon Pasteur, qui, si peu de temps
auparavant, avait été l'objet de tant de
vœux et de prières, pour la conservation
de ses jours plus que jamais utiles à ses
brebis, fût déjà au seuil de l'éternité! On
gémissait, on pleurait, on se croyait indigne
des faveurs de la Bonté divine, puisqu'on
n'obtenait pas celle à laquelle on tenait le
plus et qui, d'ailleurs, était si intimement
liée au salut des âmes.

Cependant, on ne laissait pas de s'a-
dresser au Cœur sacré de Jésus; on le sup-
pliait à chaudes larmes de prolonger une
existence qui semblait nécessaire à la Maison, comme le soleil l'est à la lumière du
jour. Mais rien ne devait modifier le décret
de la Providence, qui, Elle aussi, avait, de
son côté, hâte de faire monter au Ciel, une
âme qui pouvait bien dire avec saint Paul :
« Le temps de ma dissolution approche;
« j'ai combattu le bon combat; j'ai achevé
« ma course, j'ai gardé la foi. Reste la

« couronne de justice qui m'est réservée,
« que le Seigneur, juste juge, me rendra
« bientôt ; et non seulement à moi, mais
« encore à tous ceux qui aiment son avène-
« ment, *in reliquo reposita est mihi*
« *corona justitiæ, quam reddet mihi*
« *Dominus in illa die justus judex*
« (*II Tim.*, IV, 5-8). »

Au fond, la Providence n'était pas, ici, en contradiction avec le troupeau du Pasteur bien-aimé ; car, si, comme il n'y a pas à en douter, ce troupeau désirait avant tout pour son Pasteur la gloire éternelle, pouvait-il vouloir même retarder seulement son entrée dans la cité des élus ?

L'abbé Goddard n'en porta pas moins avec une patience héroïque la croix, que Dieu avait mise sur ses épaules déjà cour-bées sous le poids des années et, n'ignorant pas que les jours qu'il lui restait à vivre étaient comptés, il aimait à en parler, bien différent des gens du monde, qui font tout ce qu'ils peuvent pour éloigner d'eux jus-qu'à l'idée de la mort.

Un jour, à un de ses confrères, qui était tout alarmé des progrès que la maladie avait si rapidement tracés sur son visage, mais qui voulait, toutefois, lui faire espérer

encore dans les ressources de la science et
dans les miracles de la prière : « Non,
« cher ami, lui répondit-il, j'aime mieux
« recevoir docilement du bon Dieu ce qu'il
« lui plaît de m'envoyer. Que peut-il faire
« de mieux pour moi qu'en m'avertissant
« ainsi de ma fin prochaine? Pourquoi
« chantons-nous dans les Litanies des
« Saints : « Délivrez-nous, Seigneur, de
« la mort subite et imprévue, *a subitanea*
« *et improviso morte, libera nos Do-*
« *mine,* » si ce n'est parce que, la mort
« fixant notre destinée pour toujours, il
« nous est souverainement important de
« nous y préparer? Pour moi, je la vois
« venir et je puis m'y disposer : je ne puis
« donc que bénir la Providence de la situa-
« tion qui m'est faite. »

« Que de fois, dans ma vie, prêchant
« sur les effrayantes incertitudes de la
« mort, n'ai-je pas dit au peuple chrétien :
« Veillez, car vous ne savez ni le jour ni
« l'heure, *vigilate, quia nescitis diem*
« *neque horam (Matth.,* XXV, 13). » Vous
« ne savez si vous mourrez aujourd'hui
« même, ou bien dans une extrême vieil-
« lesse; de mort subite et sans avoir le
« temps de rentrer en vous-mêmes, ou

« d'une mort lente, mais qui vous ôtera,
« avec l'usage de la raison, l'usage de la
« grâce, du repentir et des sacrements. Ne
« serait-ce pas infiniment triste pour moi
« de ne pas savoir m'appliquer maintenant
« à moi-même une si utile instruction?
« d'autant plus que je ne puis pas me faire
« la moindre illusion; je sens trop que
« mon arrêt est porté. »

Ayant donc toujours la mort devant les yeux de son esprit, mais ne laissant rien paraître de sa préoccupation dans tout son extérieur, se montrant toujours, au contraire, dans ses rapports avec tout le monde, aussi gracieux et aussi aimable qu'il avait été en pleine santé, l'abbé Goddard fit régulièrement son service jusqu'au 20 novembre.

Ce jour-là, malgré ses cruelles souffrances, il voulut confesser, comme à l'ordinaire et, le lendemain, fête de la Présentation de la Très Sainte Vierge, à cinq heures et demie du matin, présider la cérémonie du Renouvellement des vœux, pour les Religieuses Aspirantes. Ce fut la dernière de cette série d'instructions, toujours solides et élevées, qu'il faisait depuis quarante-quatre ans. Elle restera longtemps gravée dans la mémoire du pieux auditoire qui l'a entendue ; car elle lui a causé dés émotions trop vives pour qu'il en soit autrement. Semblable à une lampe qui jette sa dernière flamme avant de s'éteindre, ne pouvant plus se tenir debout, l'orateur se déclarait heureux d'avoir pu, une fois encore, être témoin de cette nouvelle consécration au Dieu de Bethléem, de l'Eucharistie et du Calvaire, rénumérateur magnifique et sûr des victimes volontaires qui s'immolent à sa gloire et à son amour. C'est comme sur le seuil de l'Eternité qu'il paraissait donner un suprême adieu, en les recommandant à la Reine des Vierges.

A partir du 21 novembre jusqu'au 16 du mois suivant, dernier jour qu'il eut le bonheur de monter au saint Autel, il ne sortit presque pas de l'Aumônerie, supportant ses souffrances avec une patience inaltérable et attendant en quelque sorte l'heure du départ pour l'autre monde.

Le 24 décembre, il voulut faire une confession générale. Il aimait à dire ensuite que, s'il avait tant tenu à accomplir cet acte important, c'était, d'abord, pour recevoir un témoignage plus rassurant de sa propre conscience, puis pour en donner

l'exemple, lui, surtout, qui l'avait si souvent recommandé aux autres, en exerçant
le saint ministère.

Le lendemain, fête de Noël, à minuit et
demi, il fit la Sainte Communion et, le
surlendemain, fête de l'apôtre du Cœur de
Jésus, il reçut l'Extrême-Onction des mains
de M. l'abbé Rossi, Aumônier de l'Institution nationale des Sourds-Muets, qui, depuis
plusieurs jours, ne quittait pas son chevet.

L'on ne peut pas dire, assurément, que
dans ces deux graves circonstances, comme
dans les six semaines qui le séparaient
de son trépas, le vénéré malade ait été
abandonné ; d'honorables personnes de sa
parenté et des amis nombreux autant que
dévoués ne cessèrent pas de lui prodiguer
les soins les plus affectueux et les plus
assidus, cherchant par tous les moyens
en leur pouvoir à le soulager et à le consoler, fortifiant son âme par des prières
ferventes et par de fréquentes lectures de
piété (1). Mais, s'il est pénible à un enfant

(1) Sa Grandeur Monseigneur l'Archevêque, qui le
tenait en haute estime, vint le voir plusieurs fois et
se concerta même avec lui pour le choix d'un aumônier auxiliaire avec future succession. Et c'est d'après
les indications du vénéré malade que ce choix tomba
sur l'excellent aumônier actuel, M. l'abbé Capitan.

bien-né de ne pas se trouver auprès d'un bon père, qu'il sait à l'extrémité, quelle ne dut pas être la privation de la famille spirituelle de l'abbé Goddard, de ne pouvoir pas entourer un si bon père, au moment qu'il recevait le saint Viatique et les derniers secours de la Religion. Nous avons tant besoin, alors, d'exprimer d'une manière plus sensible qu'à l'ordinaire, nos justes sentiments de reconnaissance et d'amour envers nos plus grands bienfaiteurs d'ici-bas ! Fidèle à sa règle inflexible, la famille du Sacré-Cœur dut s'imposer ce dur sacrifice, malgré la proximité de l'Aumônerie.

C'est la vie religieuse. La nature y perd totalement ses droits : « Celui qui aime « son père ou sa mère plus que moi, dit « Notre Seigneur, n'est pas digne dè moi, « *qui amat patrem aut matrem plus* « *quam me, non est me dignus* (*Matth.*, « X, 37)... Si quelqu'un veut venir après « moi, qu'il se renonce lui-même, qu'il « porte sa croix et qu'il me suive, *si quis* « *vult post me venire, abneget semetip-* « *sum, et tollat crucem suam, et sequa-* « *tur me* (*Ibid.*, XVI, 24). » Gardons-nous, cependant, de plaindre ces âmes d'élite

qui se sont rendues à son appel, car il ajoute : « Quiconque aura quitté, pour l'a-
« mour de moi, maison, frères, sœurs, père,
« mère, épouse, enfants, terres, recevra
« le centuple en ce monde et possèdera la
« vie éternelle, *et omnis qui reliquerit*
« *domum, vel fratres, aut sorores, aut*
« *patrem, aut matrem, aut uxorem, aut*
« *filios, aut agros, propter nomen meum,*
« *centuplum accipiet et vitam æternam*
« *possidebit (Matth., XIX, 29).* » Oui, le bonheur qui accompagne cette vie d'abnégation est bien supérieur à toutes les jouissances de la terre. Qui dira les joies pures de ces âmes vaillantes et généreuses, qui, pour marcher à la suite de Notre Seigneur, ont renoncé aux honneurs, aux richesses et aux plaisirs par les trois vœux d'obéissance, de pauvreté et de chasteté? Et elles comprendront chaque jour plus clairement ces vérités consolantes du sermon sur la montagne : « Bienheureux ceux qui souf-
« frent persécution, *beati qui persecu-*
« *tionem patiuntur (Matth., V, 10)!...*
« bienheureux ceux qui pleurent, *beati*
« *qui lugent (ibid., 5)!...* bienheureux les
« pauvres d'esprit, *beati pauperes spiritu*
« *(ibid., 3)!...* bienheureux ceux qui ont

« le cœur sans tache, *beati mundo corde*
« (*ibid.*, 8)! » Oui, bienheureux, parce
qu'ils ont arraché de ce cœur la racine
amère du péché; parce qu'ils ont vaincu
le monde; parce qu'ils ont triomphé de
leurs passions mauvaises, sources de nos
chûtes, de nos malheurs et de nos remords!
Oui, bienheureux, parce que l'homme ne
vit pas seulement de pain, mais de toute
parole qui sort de la bouche de Dieu; parce
que les consolations de la terre ne sont pas
les seules consolations! Oui, bienheureux,
parce que le Seigneur lui-même est le partage de ceux qui s'immolent pour l'amour
de Lui!

Mais, pour n'avoir pas la satisfaction de
s'approcher du lit de douleur du moribond,
sa pieuse famille spirituelle ne le laissa
pas sans les secours de l'ordre de la grâce.
Jour et nuit, elle multipliait ses pénitences
et ses prières devant le Très Saint-Sacrement, dans le but d'obtenir, pour lui, au
moins une douce et sainte mort, et c'est,
sans doute, à ces ferventes supplications
qu'il dut la prolongation de son existence.

Toutefois, nous ne devons pas oublier les
effets de l'Extrême-Onction; car, si ce
sacrement purifie le malade qui le reçoit

dignement, des souillures du péché et lui donne, avec la résignation, la force de résister aux attaques multipliées que le démon réserve pour les derniers moments du chrétien, il prolonge également ses jours, si c'est utile pour son salut ou pour la gloire de Dieu. Ces deux conditions étaient bien pleinement remplies dans la personne du vénéré malade. Que de beaux fleurons ne pouvait-il pas ajouter encore à sa couronne d'immortalité par tous ses actes, surtout cloué, comme il l'était, à la croix de Jésus Rédempteur, puisque l'intention de plaire à Dieu, jointe à la grâce sanctifiante, fait de nous d'autres Jésus-Christ, sinon par les attributs incommunicables de sa divinité, du moins par le mérite attaché à tout ce que nous pouvons faire, même à nos pensées! Que ne pouvait-il pas faire aussi pour la gloire de Dieu par ses bons exemples et par ses sages conseils!

La Maison du Sacré-Cœur eut donc, pendant plus d'un mois encore, la consolation, non pas de le voir, mais de le savoir auprès d'elle. Elle le considérait toujours comme son ange gardien : c'était assez pour qu'elle se crût en sûreté, quoiqu'elle n'en reçût aucun service.

Pour lui, malgré les émotions insépa-
rables des sacrements qui venaient de lui
être conférés, il n'avait rien perdu de la
sérénité, ni de la bonté de son âme. Qu'il
nous suffise de citer le trait suivant, pour
le prouver.

Aussitôt après cette touchante cérémonie,
il fit l'inventaire de tous les objets de piété
qu'il possédait et les fit remettre, comme
souvenirs, aux Mères et aux plus anciennes
Religieuses de la Communauté. Mais,
comme chaque année, il avait l'habitude
de donner des étrennes à ses chères petites
Sourdes-Muettes et qu'il craignait de mourir avant le premier jour de l'an, il se mit
en devoir de commander, pour elles, des
sacs de bonbons, les bénit ensuite, comme
il l'avait toujours fait, et les leur envoya :
« Je ne veux pas, disait-il, que ces pauvres
« Enfants soient privées de leurs douceurs. »
Celles-ci, pleurant de joie, s'empressèrent
de lui expédier un message conçu en ces
termes : « Bon Père, les Sourdes-Muettes
« prient de tout leur cœur pour votre gué-
« rison. Elles ont promis de donner à Saint
« Antoine de Padoue dix pains, des plus
« gros de la boulangerie, si elles obtien-
« nent la grâce qu'elles demandent. »

L'abbé Goddard fut très touché de cet accusé de réception. Mais, n'étant pas homme à se laisser vaincre en générosité, il leur fit répondre courrier par courrier : « Eh bien! moi, je lui en donnerai dix « aussi gros, si je puis vous faire encore « une visite. » Il fit mieux. Se rappelant que la fête de saint François de Sales est la fête patronale des Sourds-Muets, il fit mettre en réserve, pour cette circonstance, des jeux nouveaux et plusieurs autres surprises, qu'il savait devoir leur être agréables.

Tel était le cœur de l'abbé Goddard. Il ne trouvait de satisfaction que dans le bien qu'il faisait aux autres, et plus la misère qu'il rencontrait était grande, plus il était heureux de la soulager. Quant à lui, pour tout ce qui concerne l'ordre temporel, il n'avait besoin de rien et n'avait pas d'autre ambition que celle de conserver l'amitié de Dieu. Mais, comme il n'y a rien qui procure une joie plus pure et plus vive que la pratique de la charité dans toutes ses nuances, Dieu se plaisant à récompenser ainsi dès ce monde ceux qui font son œuvre, il faut bien espérer, encore une fois, que l'abbé Goddard aura eu de beaux moments dans sa vie.

Nous avons déjà parlé de la patience héroïque avec laquelle il supportait ses peines, avant de recevoir l'Extrême-Onction. Depuis lors, cette vertu ne fit que croître en lui, de façon à édifier au suprême degré tous ceux qui venaient le voir. La seule chose qu'il osât solliciter de ses plus chers confrères, au moment de s'éloigner de lui, et encore avec une exquise délicatesse, c'était l'aumône d'une petite prière.' Mais, ce que son cœur demandait par dessus tout, principalement dans ses derniers jours, c'était une prière faite en sa présence et à laquelle il pût s'unir; car, il était tellement exténué par les souffrances que, livré à lui-même, il lui arrivait quelquefois de divaguer, mais toujours dans le domaine de la piété chrétienne.

Voici une de celles qu'il se faisait répéter souvent par un de ses confrères, et qui est extraite d'un de ses livres favoris (*Cours de Méditations sacerdotales, par le R. P. Chaignon*, II, 31) : « Mon Dieu, il ne « me reste plus que quelques heures à « croire en vous, à espérer en vous, à souf-« frir pour vous; la mort va m'ôter tout « moyen de vous honorer, de vous aimer

« libremont et avec mérite. Ah ! du moins,
« jusqu'à mon dernier soupir, je ne m'ap-
« pliquerai qu'à vous honorer et à vous
« aimer de toutes mes forces. O mon âme,
« profitons du temps qui nous reste. Ai-
« mons, s'il est possible, à chaque moment,
« autant que tous les saints ont aimé dans
« toute leur vie. Faisons en quelques heures
« plus que nous n'avons fait dans toute
« notre vie. Souffrons ces dernières attein-
« tes de la maladie avec la constance des
« martyrs. Acceptons la mort de la main
« du Créateur avec une entière résignation,
« et même avec joie. Mon Dieu, je vou-
« drais avoir mille vies à vous offrir, je
« vous les sacrifierais toutes. Vous me
« redemandez celle que vous m'aviez don-
« née ; oui, Seigneur, je vous la rends. Je
« consens à être dépouillé de tout ce que
« j'aimais sur la terre, même de ce corps
« que j'ai trop aimé. Je me soumets à la
« loi qui va le livrer aux vers et le réduire
« en poussière. Quant à ces douleurs que
« je sens, hélas ! elles ne sont que trop
« légères ; elles ne seront que trop courtes,
« puisque c'est la dernière preuve que je
« vous donnerai de mon amour et du désir
« que j'ai de vous plaire. Tout en vous

« suppliant d'avoir pitié de moi, selon votre
« grande miséricorde, j'accepte les peines
« de l'autre vie, dont je suis redevable à
« votre justice infinie ; que ne les ai-je
« moins méritées ! Je vous remercie de
« tout le bien que vous m'avez fait, parti-
« culièrement du don inappréciable de la
« foi. Oui, mon Dieu, je crois fermement
« tout ce qu'enseigne votre Église et j'es-
« père tout ce qu'elle promet. J'ai un grand
« regret d'avoir si mal servi le meilleur et
« le plus aimable de tous les maîtres ; mais
« tous mes crimes n'affaibliront pas ma
« confiance. Elle repose sur les mérites
« infinis de mon Sauveur : car voilà ce qui
« me remplit de joie, au milieu de mes
« affligeants souvenirs. Jésus-Christ m'ap-
« partient, il est à moi ; vous me l'avez
« donné, Seigneur ; il s'est donné lui-même.
« Sa vie, sa mort, sa pénitence, ses vertus :
« voilà ce que j'ai à vous offrir, pour sup-
« pléer à tout ce qui me manque. »

Les lectures qu'il aimait le mieux à entendre roulaient sur des sujets de nature
à lui inspirer du courage dans ses souffrances, tels que les mystères de la Passion
du divin Sauveur et les grandes vérités de
la mort, des deux jugements, du Ciel, de
l'enfer.

Mais ce qui lui faisait le plus grand bien et semblait endormir ses douleurs, c'était de recevoir les sacrements de Pénitence et d'Eucharistie.

Sa mort. — C'est ainsi que le vénéré malade porta le poids de sa croix jusqu'au 31 janvier 1895, jour que nous n'appellerons pas de sa mort, mais de sa naissance, suivant l'admirable esprit de l'Eglise, qui désigne sous le nom de jour de leur naissance, non pas celui où les enfants d'Adam font leur entrée dans le monde, mais bien celui où ses propres enfants meurent en odeur de sainteté; car c'est bien le jour de leur entrée dans la vraie vie, qui est la vie de la gloire immortelle de Elus.

Déjà, les jours précédents, ses amis de prédilection parmi les prêtres et les simples fidèles, qui se tenaient tour à tour auprès de lui, pour lui donner tous les soins temporels et spirituels dont il avait besoin, prévoyaient un dénouement fatal et se pressaient plus nombreux autour de son lit, dans la crainte de ne pas avoir la consolation de recueillir son dernier soupir. Mais, dans la matinée du 31 janvier, ils perdirent l'espérance de le conserver plus longtemps.

Les bras sans ressort, les yeux presque éteints, le visage couvert de tons cadavéreux, il paraissait concentrer toutes ses forces dans sa faible voix, pour prononcer quelques oraisons jaculatoires au divin Sauveur, au Sacré-Cœur de Jésus, à la Très Sainte Vierge, à Saint Joseph, comme celles-ci : *Mon Jésus, miséricorde ! Jésus, Marie, Joseph, je vous donne mon cœur, mon esprit et ma vie ; Jésus, Marie, Joseph, assistez-moi dans ma dernière agonie ; Jésus, Marie, Joseph, faites que je meure paisiblement en votre sainte compagnie ! Aimé soit partout le Sacré-Cœur de Jésus ! Jésus, doux et humble de cœur, faites que mon cœur soit semblable au vôtre ! Doux Cœur de Jésus, soyez mon amour ! Doux Cœur de Marie, soyez mon salut ! Saint Joseph, ami du Sacré-Cœur, priez pour nous !*

Ce fut dès lors, auprès du vénéré malade, une prière continue et fervente, qui n'était interrompue que par les réflexions et par les invocations que lui-même pouvait encore articuler. On connaissait très bien, d'ailleurs, son genre de piété et, pour s'y conformer, on s'étudiait à transporter alternativement son esprit au pied de la croix, devant le saint Tabernacle, au Ciel et vers d'autres objets propres à exciter sa confiance. Et, chose singulière, ou plutôt providentielle, on observa que, durant ces dernières heures de sa vie, il n'eut pas un seul instant ces absences qui le surprenaient auparavant, pas plus que les affres de la mort n'exercèrent sur lui le moindre empire.

Sa famille spirituelle, informée tout d'abord de la nouvelle alarmante de l'aggravation de son état, lui fit savoir sans retard que toute la Maison du Sacré-Cœur était en prière pour lui. Il en témoigna une vive reconnaissance, et sur ses yeux à demi voilés faisant briller une larme : « Ah ! « bonne et sainte Communauté, dit-il, je « reconnais là votre charité. Que Dieu vous « protège toujours. Gardez aussi cette unité « que Notre Seigneur a demandée à son « Père pour son Eglise, la veille de sa « mort. Cette unité sera votre force, votre « gloire et la source la plus féconde de vos « mérites devant Dieu. Que je serai heu- « reux de prier pour vous dans le Ciel, si « ce Père des miséricordes daigne m'y « recevoir ! »

Presque aussitôt après, il recevait une

dernière absolution du R. P. Groffier, de la Compagnie de Jésus, qui, ce jour-là, achevait les exercices d'une Retraite prêchée aux Elèves du Pensionnat.

Aux premiers symptômes de sa situation désespérée, il avait prié son entourage de lui faire sans crainte les *Prières pour la recommandation de l'âme* et pris son crucifix entre ses mains. Quand on s'aperçut qu'il tombait dans une prostration croissante et que sa respiration devenait de plus en plus haletante, on le prévint qu'on allait entrer dans ses intentions à cet égard. Un sourire empreint d'un sentiment de tendre reconnaissance reparut aussitôt sur ses lèvres livides et on le voyait s'efforcer à répondre aux invocations des *Petites Litanies des Saints.* Mourant, il entendit avec son calme habituel ces paroles que vivant, on ne lit pas sans émotion : « *Pro-« ficiscere, anima christiana, de hoc « mundo, in nomine Dei Patris omni-« potentis, qui te creavit, in nomine « Jesu Christi, Filii Dei vivi, qui pro « te passus est, in nomine Spiritus « Sancti, qui in te effusus est,* partez de « ce monde, âme chrétienne, au nom de « Dieu le Père tout-puissant, qui vous a

« créée; au nom de Jésus-Christ, Fils du
« Dieu vivant, qui a souffert pour vous;
« au nom de l'Esprit-Saint, qui a été ré-
« pandu en vous. »

Une fois qu'on fut arrivé aux prières qui
doivent se dire après que le moribond a
expiré, il fit un léger mouvement, comme
pour faire attendre l'heure fixée par la
volonté divine, put dire encore ces deux
mots : « Merci! à Dieu ! » inclina la tête et
rendit son âme à ce Dieu trois fois saint,
qui l'avait créée, rachetée et sanctifiée. Il
la rendit sans agonie, avec la sérénité d'un
saint. C'était aux premières Vêpres de
l'Office du Sacré-Cœur, fêté le lendemain,
premier vendredi du mois, à 1 h. 1/4.

En ce moment, de sa famille selon la
nature ses deux nièces éplorées étaient
seules agenouillées devant sa dépouille
mortelle; son frère aîné, bien que prévenu
de ce qui se passait, n'avait pas osé affronter
l'épreuve d'une si cruelle séparation. Quant
à sa famille, selon la grâce, réunie dans la
Chapelle, pour réciter, elle aussi, les *Prières
des agonisants,* elle fondait en larmes,
comme des enfants qui ont perdu leur père
bien-aimé. Et le R. P. Groffier, apprenant
aux Élèves du Pensionnat, la consomma-

tion du sacrifice, leur disait : « Dieu a
« voulu que votre saint aumônier nous
« aidât auprès de vous par ses prières et
« par ses souffrances, pendant toute la
« Retraite. Aujourd'hui qu'elle s'achève,
« il l'appelle à lui ! n'est-ce point pour
« recevoir de ses mains paternelles les
« bonnes résolutions que vous avez prises?
« Ah ! ne l'oubliez pas dans vos prières ;
« c'est pour vous l'unique moyen de lui
« payer votre légitime tribut de reconnais-
« sance. Et, si vos prières ne le sauvent
« pas, parce qu'il n'a plus à être sauvé,
« elles vous assureront, du moins, en lui,
« un bon protecteur. »

La chambre mortuaire fut ensuite trans-
formée en chapelle ardente, où le corps du
vénéré défunt demeura exposé sur son lit,
revêtu des ornements sacerdotaux de cou-
leur violette, suivant les prescriptions de
l'Eglise. Elle ne désemplit pas jusqu'au
lendemain soir. Des personnes de tout rang
se faisaient un devoir de venir déposer une
prière aux pieds de l'homme de Dieu ; les
unes, par reconnaissance ; les autres, pour
rendre hommage à un si digne représentant
de Jésus-Christ sur la terre. Sa Grandeur
Monseigneur l'Archevêque, se trouvant à

Lyon, daigna même avancer son retour à Chambéry, pour honorer de sa visite le prêtre qu'il estimait et aimait peut-être le plus de tout son clergé.

De toutes parts affluaient aussi à la Maison du Sacré-Cœur des lettres de condoléance, où l'on se plaisait à retracer d'innombrables actes de charité, d'humilité et de piété du regretté défunt.

Le vendredi, 1ᵉʳ février, à cinq heures du soir, on transporta son corps, enfermé dans un triple cercueil, au milieu de la Chapelle entièrement tendue de noir. Ce fut une satisfaction bien douce, pour toute sa famille spirituelle, de le voir rentrer dans cette enceinte sacrée, où elle avait appris de sa bouche les splendeurs de la lumière évangélique et les charmes de la .vertu. Mais, à la vue des emblèmes funèbres qui le voilaient à ses regards, elle ne put arrêter l'effusion de ses pleurs jusqu'à l'heure des funérailles, sans laisser, cependant, de prier pour lui avec toute la ferveur dont elle était capable. Et, bien qu'il fut inanimé, il semblait parler encore, comme le grand Apôtre l'affirme d'Abel : il semblait même parler avec plus d'éloquence que jamais de la mort et de ses enseignements,

« *defunctus adhùc loquitur (Heb.,* XI, 4). »

O enfants si justement désolées, qui avez perdu le meilleur des pères, ne pleurez pas comme ceux qui n'ont pas l'espérance chrétienne ; car, celui dont la séparation vous a déchiré le cœur et vous rend inconsolables, vous le reverrez un jour, et pour toujours alors, si vous suivez ses leçons et ses exemples. Vous le reverrez au Ciel, le front paré d'une couronne glorieuse ; car son salut, comme celui de saint Paul, est fondé sur les conquêtes qu'il a faites à Jésus-Christ ; « *quœ est enim nostra* « *spes..., aut corona gloriæ? Nonne vos* « *ante Dominum nostrum Jesum Chris-* « *tum estis in adventu ejus (I Thess.,* « II, 19)? »

Mais, pour ce prêtre zélé, n'y aura-t-il, au Ciel, qu'une couronne? Saint Grégoire le Grand répond qu'il en aura autant qu'il aura gagné d'âmes à Dieu : « *tot* « *coronas sibi multiplicat quot Deo* « *animas lucrifacit (Past.,* 3 p.). » Oui, il ajoutera à son propre bonheur celui de toutes les âmes au salut desquelles il aura contribué. Ecoutez encore le premier des Evangélistes : « celui qui fera et ensei-

« gnera, dit-il, celui-là sera appelé grand
« dans le royaume des cieux, *qui fecerit*
« *et docuerit hic magnus vocabitur in*
« *regno cœlorum* (*Matth.*, V, 19). »
Voici, enfin, comment s'exprime le prophète Daniel, qui, pour nous donner une
idée de la distinction réservée aux saints
prêtres dans la bienheureuse éternité, com-
pare la splendeur des astres à celle du
firmament : « les bons et fidèles serviteurs
« de Dieu brilleront comme le firmament
« sous l'éclat du soleil ; et ceux, qui, par
« leurs paroles, comme par leurs actes,
« contribueront à la sanctification des au-
« tres, luiront pour toujours comme des étoi-
« les, *qui docti fuerint fulgebunt quasi*
« *splendor firmamenti ; et qui ad justi-*
« *tiam erudiunt multos, quasi stellæ in*
« *perpetuas æternitates* (*Dan.*, XII, 3). »

Ses funérailles. — Le samedi, 2 février, furent célébrées pompeusement les
funérailles du vénéré défunt, sous la prési-
dence du Vénérable Chapitre et avec le
concours d'un nombreux clergé, des Enfants de la Maîtrise, des RR. PP. Capucins,
des Frères de la Doctrine chrétienne et des
délégations de toutes les Congrégations

religieuses de Chambéry. La cérémonie fut faite en l'église métropolitaine, où l'on se rendit en procession depuis la Maison du Sacré-Cœur. Des serviteurs anciens et actuels de cette Maison portaient le cercueil ; les coins du poêle étaient tenus par Messieurs les Barons Charles et Édouard de Buttet, l'avocat Jean-Baptiste Richard et le docteur Amédée Dénarié ; Monsieur l'abbé Capitan, le nouvel aumônier, conduisait le deuil, entre Messieurs les abbés Bogey, curé-archiprêtre de Chindrieux, et Rossi, aumônier des Sourds-Muets.

Venaient ensuite deux jeunes personnes, vêtues de noir, représentant les Élèves du Pensionnat et ayant en main une superbe couronne, avec cette inscription :

« *A leur vénéré Père, ses Enfants du Sacré-Cœur reconnaissantes ;* »
puis les Sourdes-Muettes, également vêtues de noir, le visage baigné de larmes, ouvrant leur marche par une couronne non moins belle, achetée de leurs propres deniers ; spectacle attendrissant, que nul ne pouvait contempler, sans s'associer plus ou moins à leur douleur. Partout, sur leur passage, on cherchait à lire cette légende dédica-toire, qui surmontait le touchant hommage de leur piété filiale :

« *A leur bon et vénéré Père, les Sourdes-Muettes du Sacré-Cœur de Chambéry.* »

Suivaient, enfin, les parents et un cortège aussi varié que nombreux, qui était par lui-même le plus éloquent éloge du vénéré défunt; car, avec l'élite de la noblesse et de la bourgeoisie, on y comptait beaucoup de gens appartenant à la classe ouvrière, tout heureux d'accompagner leur bienfaiteur à sa dernière demeure.

Pendant la Grand'Messe et l'Absoute, qui eurent lieu en l'église métropolitaine, sa sainte mémoire reçut un hommage public, accueilli, d'ailleurs, avec la plus grande consolation par le peuple et par le clergé; Sa Grandeur Monseigneur l'Archevêque se fit un pieux devoir d'y assister; comme tous les chanoines titulaires et honoraires.

Après la cérémonie, sa dépouille mortelle fut placée sur un corbillard de première classe et transférée à Chindrieux, pour y être inhumée dans un tombeau de famille.

Nous terminons ces quelques pages sur la vie édifiante de l'abbé Goddard, par l'article nécrologique inséré dans la *Semaine religieuse de la Savoie,* sous la date du

7 février 1895. Nos lecteurs y verront un document officiel, de nature à confirmer nos appréciations sur cette belle carrière sacerdotale et à nous faire pardonner, peut-être, les imperfections de tous genres tombées de notre plume.

Nécrologie. — Le chanoine Goddard. — « Ainsi que nous l'avons annoncé, M. le « chanoine Goddard est décédé jeudi, « 31 janvier, à une heure de l'après-midi, « à l'âge de 76 ans, 7 mois et 20 jours. Il « était depuis 44 ans, aumônier des Dames « du Sacré-Cœur de Chambéry.

« C'est une des figures les plus remar-« quables de notre clergé qui disparaît de « nos rangs et elle mérite bien qu'on s'ar-« rête, un instant, à la contempler.

« M. le chanoine Goddard jouissait dans « toute la ville de l'estime générale et de « la confiance de toutes les personnes qui « l'approchaient. Parmi les prêtres du dio-« cèse il était l'objet du respect et de la « vénération de ses confrères, étant pour « tous un modèle de vie sacerdotale.

« M. Goddard personnifiait en lui, au « plus haut degré, cette gravité et cette « dignité qui en impose, en même temps

« que cette affabilité qui charme et attire.
« Il avait cette distinction qu'on aime à
« voir dans le prêtre, unie à cette con-
« descendance bienveillante, qui sait se faire
« toute à tous. D'un abord facile, simple
« dans ses goûts, il se trouvait également
« à l'aise, et parmi les petits enfants pau-
« vres du quartier qu'il aimait à évangé-
« liser, et au milieu des jeunes élèves
« sourdes-Muettes élevées au Sacré-Cœur,
« comme en présence des élèves de l'Eta-
« blissement, et dans la société des dames
« de la Congrégation des Enfants de Marie,
« dont il dirigeait les pieux exercices et
« les œuvres avec un tact, une sagesse et
« une autorité que tout le monde admirait.

« Pour les Religieuses dont il a été si
« longtemps l'aumônier, il était un guide
« sûr, un conseiller toujours prudent, un
« directeur habile et consommé. Aussi
« était-il regardé à juste titre, au Sacré-
« Cœur de Chambéry, comme un père
« vénéré, et, dans toutes les communautés
« de l'Institut, le doyen des aumôniers du
« Sacré-Cœur jouissait d'une notoriété et
« d'une estime universelles.

« À ses confrères, M. le chanoine God-
« dard donnait l'exemple de la régularité,

« de la piété, de l'amour de la résidence,
« de l'austérité qui convient au prêtre, du
« respect des supérieurs ; en même temps,
« il était accueillant, bon, désintéressé,
« généreux, ami fidèle et dévoué. Dans les
« conseils qu'il donnait quand on s'adres-
« sait à lui, on ne voyait jamais paraître
« aucun mobile humain, il ne considérait
« les hommes et les choses que de haut et
« avec des vues purement surnaturelles.

« Fidèle au poste qui lui avait été con-
« fié, il n'avait, pour lui, d'autre ambition
« que celle d'y travailler jusqu'à la fin et
« d'y mourir. Et s'il était permis, mainte-
« nant qu'il n'est plus, de révéler quelques
« secrets de l'administration, nous dirions
« à sa louange que, plusieurs fois, les offres
« les plus honorables lui furent faites par
« ses supérieurs. Mais toujours son humi-
« lité le porta à les refuser. Il préférait
« son modeste ermitage aux paroisses les
« plus en vue dans le diocèse et même aux
« charges les plus élevées de l'administra-
« tion ecclésiastique, dont il redoutait le
« fardeau, mais qu'il aurait, certes, pu
« remplir pour le plus grand bien du dio-
« cèse.

« M. l'abbé Goddard (Claude) était né à

« Chindrieux, le 11 juin 1818 et apparte-
« nait à l'une des familles les plus consi-
« dérables et les plus estimées de la Chau-
« tagne, où les traditions chrétiennes se
« sont conservées comme le plus précieux
« des héritages et où l'on regarde comme
« un titre de noblesse, de donner des prê-
« tres à l'Eglise et des enfants au cloître.
« Un de ses frères, M. l'abbé Goddard
« (Antoine-Marie) est mort curé de Mouxy,
« le 28 mai 1868, et une de ses nièces est
« religieuse du Sacré-Cœur.

« Il fit ses études au Petit-Séminaire de
« Saint-Louis-du-Mont, où il eut pour con-
« disciple celui qui devait être, plus tard,
« l'illustre et éloquent apôtre de Genève,
« S. Em. le cardinal Mermillod, qui ne
« manquait jamais, lorsqu'il était de pas-
« sage à Chambéry, d'aller embrasser son
« vieux camarade et se reposer un instant
« près de lui.

« Ordonné prêtre le 10 juin 1842 par Mgr
« Billiet, il avait été nommé, le 8 juillet
« suivant, vicaire à Saint-Genix, où il resta
« dix-huit mois.

« Le 5 avril 1845, il fut appelé à Cham-
« béry, en qualité de vicaire à la Métro-
« pole, et, au milieu des agitations et des

« évènements de cette époque troublée, de
« 1848 à 1850, il sut se faire remarquer
« par tant de sagesse, de prudente réserve,
« de fidélité à tous les devoirs de son minis-
« tère que, malgré son jeune âge, ses
« supérieurs le choisirent, le 1er octobre
« 1851, pour l'aumônerie de la Maison du
« Sacré-Cœur. Il avait 33 ans. Ce poste
« était alors difficile et réclamait autant
« de prudence et d'habileté que de fermeté
« et de courage, pour défendre une œuvre
« qui devenait déjà le point de mire de
« toutes les attaques de la Révolution, déjà
« en effervescence dans le Piémont et les
« Etats Sardes. C'était, en effet, l'époque
« de l'application des fameuses lois Sicardi,
« dites d'*Incamération* des biens des com-
« munautés religieuses. M. Goddard fut à
« la hauteur de cette situation et se montra
« le ferme défenseur, le conseiller prudent
« et le soutien de la Communauté, dont il
« avait la garde. Aussi, dans cette Maison
« du Sacré-Cœur, ses avis ont-ils toujours
« été écoutés et suivis avec une filiale et
« respectueuse déférence jusqu'à la fin de
« sa longue carrière d'aumônier, et sa
« vieillesse entourée des prévenances les
« plus attentives et des soins les plus dé-
« voués.

« Dès le 19 novembre 1869, S. Em. le
« cardinal Billiet, voulant reconnaître les
« mérites de M. l'aumônier du Sacré-Cœur,
« avait nommé M. l'abbé Goddard chanoine
« honoraire de son église métropolitaine.

« Avec quelle joie et quel empressement
« avait été célébré, il y a deux ans, le
« jubilé sacerdotal de ce père vénéré, par
« des fêtes solennelles, où avaient été con-
« viés tous les prêtres de la ville et aux-
« quelles avaient pris part, non seulement
« les religieuses, mais encore toutes les
« élèves présentes et anciennes de la Mai-
« son du Sacré-Cœur.

« Cependant, dès la fin de l'été dernier,
« les premiers symptômes de la maladie,
« qui devait le ravir à tant d'affections, se
« manifestèrent avec une gravité et dans
« une marche sans cesse progressive, qui
« ne tardèrent pas à enlever tout espoir.
« Malgré les soins les plus assidus et les
« plus éclairés, le mal continua d'empirer,
« les forces diminuèrent rapidement et, à
« partir du mois de décembre, il ne quitta
« plus le lit de souffrance, où il devait
« rendre le dernier soupir, le 31 janvier de
« cette année.

« Sa longue maladie a été sanctifiée par

« une patience admirable, une confiance
« absolue et une résignation complète à la
« divine volonté. Toutes les forces et tous
« les secours surnaturels qu'un saint prêtre
« sait trouver dans le trésor céleste des
« sacrements, M. le chanoine Goddard en
« sollicita souvent le bienfait. Il réclama
« lui-même l'Extrême-Onction et l'Indul-
« gence *in articulo mortis*, voulant les
« recevoir en pleine connaissance et avec
« toute la piété dont il était capable. De-
« puis le jour, où il fut privé de célébrer
« la sainte messe, il demanda à communier
« plusieurs fois par semaine, et il avait
« encore eu le bonheur de recevoir Notre
« Seigneur dans la matinée du jeudi, où
« il expira à 1 heure de l'après-midi. Jus-
« qu'à son dernier souffle il priait et fai-
« sait prier autour de son lit d'agonie, et
« c'est en murmurant les noms de Jésus et
« de Marie que son âme quitta les misères
« de ce monde, pour aller commencer une
« autre vie, dont celle-ci n'est que le vesti-
« bule et la préparation.

« Monseigneur l'Archevêque, qui avait
« fait au malade de nombreuses visites et
« qui se trouvait à Lyon au moment de sa
« mort, voulut, dès son retour à Chambéry,

« le lendemain, vendredi, aller prier encore
« auprès du corps inanimé de ce prêtre,
« qu'il affectionnait particulièrement, et lui
« donner une dernière bénédiction.

« Les funérailles de M. le chanoine God-
« dard ont eu lieu à la Métropole, samedi
« 2 février, au milieu d'une grande affluence
« de prêtres et de fidèles. M. le Prévôt du
« Chapitre présidait la cérémonie. Monsei-
« gneur l'Archevèque occupait sa stalle,
« au chœur, pendant la messe des obsèques
« et les prières de l'absoute. Après la céré-
« monie funèbre, la dépouille mortelle de
« M. le chanoine Goddard a été transportée
« à Chindrieux, où elle a été inhumée,
« lundi dernier, 4 février, au cimetière
« paroissial, dans un tombeau de famille.
« *Requiescat in pace!* »

TABLE